现代职业教育应用技术型人才素质训练丛书

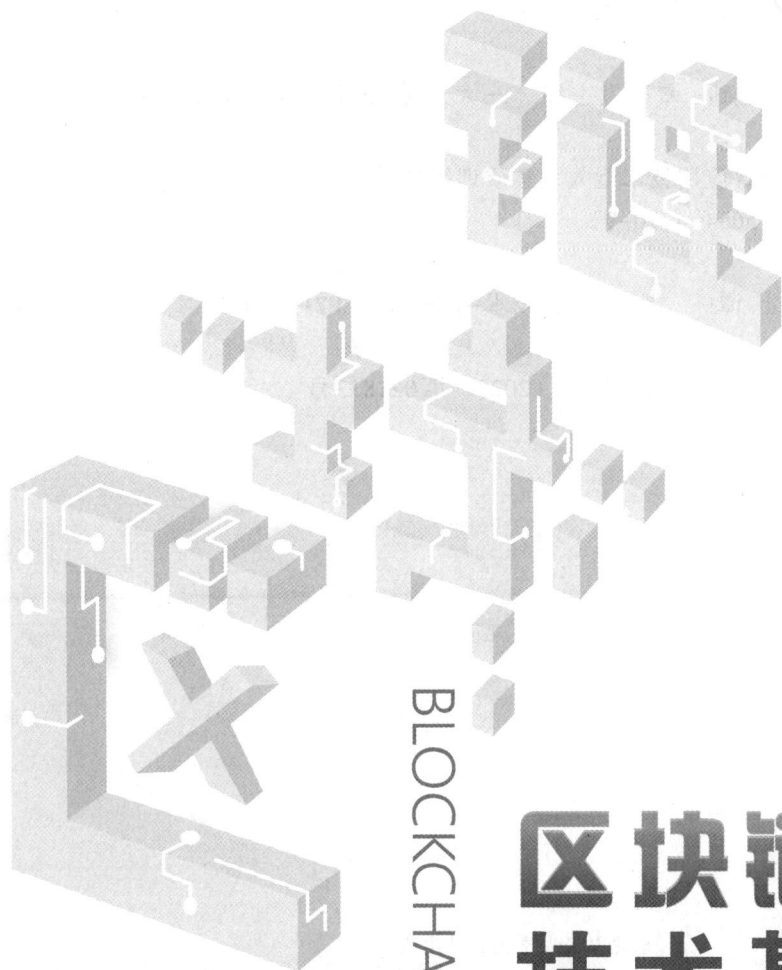

BLOCKCHAIN

区块链技术基础

● 谭粤飞 主 编

东北财经大学出版社
Dongbei University of Finance & Economics Press

大连

图书在版编目（CIP）数据

区块链技术基础 / 谭粤飞主编. —大连：东北财经大学出版社，2023.3
（现代职业教育应用技术型人才素质训练丛书）
ISBN 978-7-5654-4770-9

Ⅰ.区… Ⅱ.谭… Ⅲ.区块链技术-教材 Ⅳ.F713.361.3

中国国家版本馆CIP数据核字（2023）第021813号

东北财经大学出版社出版
（大连市黑石礁尖山街217号　邮政编码　116025）
网　　址：http：//www.dufep.cn
读者信箱：dufep@dufe.edu.cn

大连图腾彩色印刷有限公司印刷　东北财经大学出版社发行
幅面尺寸：185mm×260mm　　字数：135千字　　印张：8.25
2023年3月第1版　　　　　　2023年3月第1次印刷
责任编辑：张晓鹏　郭海雷　　责任校对：周　晗　石建华
　　　　　赵　旭
封面设计：原　皓　　　　　　版式设计：原　皓

定价：48.00元

前　言

　　区块链技术是近年来新兴的一门信息技术，自诞生之日起就引起世界各国的高度重视。2019年10月24日，中共中央政治局就区块链技术发展现状和趋势进行第十八次集体学习。中共中央总书记习近平在主持学习时强调，区块链技术的集成应用在新的技术革新和产业变革中起着重要作用。我们要把区块链作为核心技术自主创新的重要突破口，明确主攻方向，加大投入力度，着力攻克一批关键核心技术，加快推动区块链技术和产业创新发展。

　　区块链技术已经成为全球各国在未来的科技竞争中无法忽视的一个关键技术领域。针对这样一门重要的新兴技术，我国已有多所高校开设了与之相关的课程，市面上也有不少相关的教材。但是，目前与区块链相关的教材多在技术讲解方面较深而在背景和应用方面介绍较少，这对缺乏信息技术背景的学生而言，在学习上有相当大的难度。因此，我们编撰了本书，面向在校学生以及对区块链技术有学习兴趣，但又不具备较深信息技术基础的读者。

　　区块链技术是一门依赖密码学、分布式技术、计算机网络等诸多领域的综合技术，并在此基础上衍生出了新的概念、新的技术应用和新的场景。要对区块链技术有一个较为全面的认识和了解，既需要了解其衍生出的新概念、新技术，也需要对其依赖的现有技术有一定的认识。在本书编写过程中，我们着重选取了区块链技术依赖的密码学的加密算法、分布式技术的共识机制以及基于区块链技术衍生的智能合约这三个领域向读者进行较为深入的介绍，同时也对区块链技术衍生出的重要的新概念、新技术进行了讲解。我们希望不具备信息技术背景或信息技术背景较弱的读者能够没有太大障碍地阅读本书，并且在阅读后能对区块链技术的关键应用领域有所了解，对区块链技术的核心和特点有一定的认识，对区块链技术的应用场景有一定的体验。

本书第一章介绍了以比特币、以太坊为代表的基于区块链技术的数字货币的发展简史、区块链的基本特征、分类及一些典型的应用场景。第二章重点介绍了比特币、以太坊的基本技术、区块链技术的一些重要术语。第三章介绍了密码学的基本概念以及比特币、以太坊中常用的加密算法。第四章介绍了分布式技术的共识机制及常用的共识算法。第五章介绍了以太坊智能合约的基本概念、特点和运行原理。第六章介绍了智能合约应用的一类典型案例：通证。第七章介绍了基于区块链技术的 Web 3.0 和元宇宙生态。

由于时间仓促，加之我们的能力和认知有限，本书难免有各种疏漏和不足，万望读者斧正、赐教。

编　者

2022 年 11 月

目 录

第一章

数字货币及区块链简介

学习目标

（1）了解比特币、以太坊诞生的过程；

（2）掌握区块链的特征和分类；

（3）了解区块链与物联网、大数据和人工智能的结合应用；

（4）了解区块链技术的一些具体落地应用场景及前景展望。

思政目标

培养学生对数字货币的理解能力和理论联系实际的能力。

1.1 比特币的诞生及发展简史

1.1.1 比特币的诞生

近年来，各个媒体上经常出现一个新词"比特币"，而经常与这个新词同时出现的是其价格暴涨暴跌的新闻。因此在很多人印象中，"比特币"要么是带着革命光环、科技背景的金融良药，要么是笼罩着阴谋论、传销影子的庞氏骗局。

但就是这样一个充满争议的事物，在2021年9月被中美洲国家萨尔瓦多正式立法成为该国的法定货币，其单枚价格也从当初的一文不值最高涨到超过6万美元，发明人中本聪（Satoshi Nakamoto）在网上活跃了一年左右便销声匿迹，至今身份不明……所有这些都给比特币蒙上了一层神秘的面纱，也让很多人好奇比特币是如何产生的以及它为什么会在这个时候产生。

关于比特币的产生，可以追溯到20世纪70年代密码学的蓬勃兴起。

20世纪70年代之前，密码学的应用在各国都被政府严格控制。直到1970年，经过美国政府的批准，一个商用密码方案即我们今天知道的DES（Data Encryption Standard）——数据加密标准才得以出台。自此，密码学开始进入民用及商用领域。

密码学进入民用及商用领域之后，大量的科学家和工程师在密码学的研究和应用领域作出了巨大的贡献，他们卓越的工作推动着密码学的发展和应用飞速前进。在这个过程中产生了一股思潮，即希望利用密码学技术建立一个保障隐私和平权的社会。

1993年，Intel的资深科学家Tim May、UC Berkeley的数学家Eric Hughes、开源软件的早期核心人物之一John Gilmore共同创立了"密码朋克邮件列表"。

1993年，Eric Hughes发布《密码朋克宣言》（A Cypherpunk's Manifesto）。

《密码朋克宣言》的诞生宣告密码朋克正式成为一项运动。密码朋克运动兴起后迅速发展，诞生了一大批知名的科学家和工程师。除了前面我们提到的 Tim May、Eric Hughes、John Gilmore 以外，还有许多先驱开创了一系列极具创新性的技术。比如，David Chaum 在 20 世纪 90 年代发明了可以算得上加密货币始祖的 Ecash；Neal Koblitz 和 Victor Miller 在 1985 年提出了基于椭圆曲线的算法 ECC，这个算法成为后来比特币的核心算法；Stuart Haber 和 Scott Stornetta 在 1991 年发表论文《如何为电子文件添加时间戳》（How to Time-Stamp a Digital Document），提出了后来在区块链技术中广泛应用的时间戳技术；Philip Zimmermann 在 1991 年发布邮件加密软件 PGP（Pretty Good Privacy），比特币白皮书的作者中本聪就是 PGP 的忠实粉丝，他的邮件都是通过 PGP 发出的；Wei Dai 在 1998 年提出了匿名的、分布式的加密货币系统——B-money，B-money 的设计中有很多关键技术后来被比特币借鉴；Hal Finney 在 2005 年提出了可重用的工作量证明机制（Reusable Proofs of Work，RPOW），它直接影响了后来比特币的共识机制……

在众多先驱们前赴后继的努力下，比特币所依赖的各种技术逐渐成熟起来。

北京时间 2008 年 11 月 1 日，一位网名为中本聪的用户在网络上发表了比特币白皮书《比特币：一种点对点的电子现金系统》（Bitcoin：A Peer-to-Peer Electronic Cash System），并在北京时间 2009 年 1 月 3 日，产生了比特币的第一个区块，也就是创世区块。创世区块的问世标志着比特币从理论变为现实。

1.1.2　比特币处理交易的简单示例

在这里，我们所说的"比特币"实际上是一个网络系统，它和互联网一样也是由千千万万台设备所组成的。这些设备被称为比特币网络中的"节点"。不过这些设备和互联网中的电脑稍有不同，它们是一些经过特殊改造、在某些计算性能方面远超普通电脑的特殊电脑。另外这些设备之间是直联的，这被称为点对点的连接。图 1-1 就是比特币网络的示意图。

图 1-1 中每一个圆圈表示比特币网络的一个节点，这些节点相互联通形成了比特币网络。

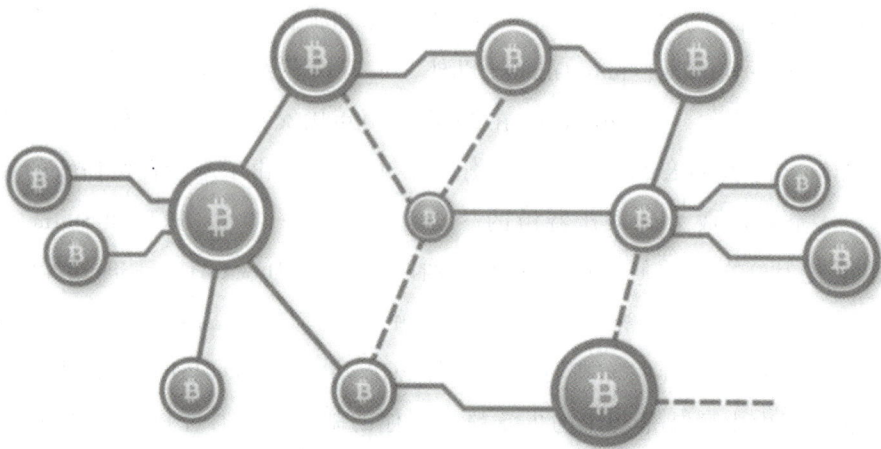

图1-1　比特币网络示意图

比特币网络的发明是为了解决传统银行在转账过程中遇到的一些问题，比如：转账交易的成本高；交易双方的个人信息被金融机构过度索取，严重侵犯隐私等。中本聪在比特币白皮书中提出了一套全新的解决方案。这套全新的解决方案吸收了密码学、计算机科学等多个领域中的研究成果。

那么，比特币网络的工作原理是怎样的呢？既然它是为了解决传统银行转账过程中出现的问题，那我们就先来看看在传统的银行系统中两个账户之间是如何转账的。

客户A和B都在某银行有账户。当A要向B转账1万元时，这个请求会提交到银行的数据中心。银行的数据中心通常都是庞大的机房，机房中放着数十、上百甚至上千台电脑。这些数据中心有专门的技术人员进行维护和管理。当数据中心接到这个请求时会检查A的账户余额是否大于1万元，如果大于1万元，就把A账户的余额减去1万元，然后把B账户的余额增加1万元；否则，数据中心会拒绝这笔转账请求。这个数据中心就是交易过程的第三方中介机构。在传统的交易流程中，所有的交易都要依赖这样的第三方中介机构。

如果没有这样专人管理和维护的数据中心，那么这个过程该如何进行呢？中本聪提出的方案是把处理过程由这样的数据中心全部下放给整个网络中的每一个节点（更严谨地说应该是具备完整功能的"全节点"，在下文中当我们说"节点"时，我们实际上指的是"全节点"）。

具体而言，上面的例子在比特币网络中会被怎样处理呢？经过一定的简化我们可以这么理解：假如比特币网络中总共有1万个节点，则每个节点都会记录比特币网络中所有存在的账户信息、网络自诞生起所有发生过的交易等全部与交易相关的信息。当节点 A 向节点 B 转账时，这个交易信息会发送给系统中 1 万个节点。每一个节点收到这条信息都会根据自己存储的所有历史记录对这笔交易进行校验，即都会查询节点 A 是否有足够的余额，如果有则批准这笔交易，如果没有则否决这笔交易。当系统中至少有一半的节点批准了这笔交易时，这笔交易就被认可执行了。

除了交易的处理不同之外，比特币网络对交易双方信息的处理也与传统的银行系统不同。在传统的银行系统中，每个用户都向系统提交详细的个人信息，这些信息被用来处理交易纠纷，而在比特币网络中，交易双方无须留下身份信息（如姓名、生日、电话号码等）。人们只要能上网，并且用电脑或手机下载比特币网络的相关软件，无须注册就可以匿名参与比特币网络的一切活动了（甚至包括对交易的验证）。

由于人们可以匿名参与比特币网络，成为网络的节点，开展一切活动甚至包括对交易进行验证这样的关键活动，因此完全有可能出现某些"图谋不轨"的节点进入网络，在网络中作恶。在这种情况下，为了维护网络安全，比特币网络引入了"共识机制"（Consensus）。

"共识机制"是一套保障比特币网络正常运转的算法规则。每一个参与比特币网络的节点电脑在运行比特币网络的相关软件时都按照设定遵循"共识机制"，在"共识机制"的激励下主动参与保障网络安全的活动。这种活动通常被称为"挖矿"。

"挖矿"就是比赛，是一轮一轮的，每一轮都有一个节点会获得冠军，并且这个活动会永远进行下去。每一轮比赛中获得冠军的节点会得到比特币网络发放的奖励，这个奖励就是比特币。这个发放奖励的过程就是比特币的发行机制。

关于"共识机制"和"挖矿"我们将在后面的章节中详细讲解。这里我们只需要理解比特币采用了这些创新性的技术实现了不需要传统的第三方中介机构就可以完成任意两个账户之间的电子转账，还实现了交易者身份信息的匿名，更进一步地，它的"挖矿"奖励机制实际上实现了在没有中央银行的情况下发行货币的功能和机制。

1.1.3　比特币和区块链

在不少人看来，比特币和区块链似乎就是一回事。实际上，在比特币白皮书中，并没有"区块链"（Blockchain）这个词。那么"区块链"这个词是怎么来的，它和比特币到底有什么关系呢？

在比特币网络上线后，其去中心化交易、去中心化发行和交易匿名等诸多特点让人耳目一新，逐渐从小圈子极客们眼中的"宠物"变成技术爱好者们的研究对象。比特币背后的原理和技术逐渐成为大家关注的重点。

在比特币网络中，每一笔交易都会被网络中所有的节点记录，并被加入一个"区块"（Block）中。比特币网络每10分钟就会产生这样一个区块，并给这个区块"盖上"表明日期时间的"时间戳"（Timestamp）。这个区块由网络中所有的节点竞争产生，第一个产生这个区块的节点就会得到比特币奖励。这些区块前后相连形成一个链式结构，这个结构后来就被大家称为"区块链"。图1-2为比特币区块链的示意图。

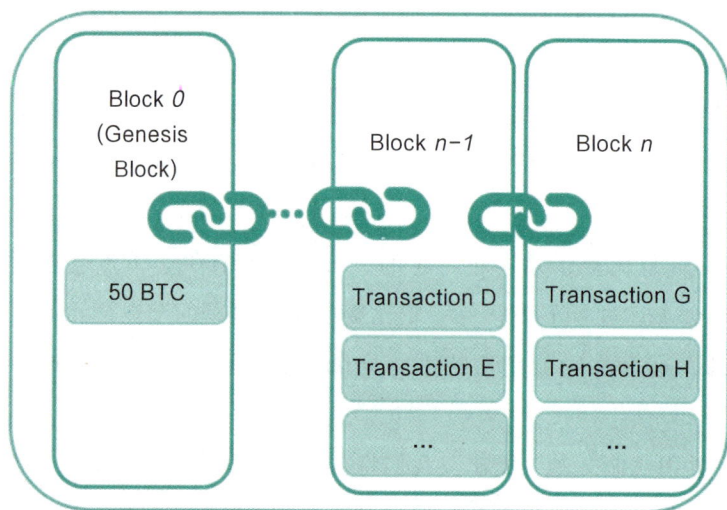

图1-2　比特币区块链示意图

比特币网络是由千千万万个节点组成的点对点网络，而比特币网络中的交易信息都存在于一个个区块中，这些区块又前后相连形成了"区块链"结构，因此我们对比特币网络更常见的称谓是"比特币区块链"。在下面的叙述中，当我们说"比特币区块链"时也是指比特币网络。

在比特币区块链的构造过程中，用到了密码学、点对点网络、共识机制、分布式系统等诸多领域的技术，这些技术不仅出现在比特币网络中，而且在后来诞生的所有数字货币中都得到广泛使用，因此区块链技术是逐渐从具体的数字货币中独立出来而发展成一门新兴的综合技术。具体来说，区块链用到的主要技术包括：

（1）密码学。在区块链网络中，每一个区块所打包的交易都需要用到数字签名和公私钥加密。每一笔交易都会进行哈希运算，每一个区块都会被系统算出哈希值作为后一个区块和本区块相连接的"链条"。

（2）点对点网络。在区块链网络中，所有的节点之间是对等连接的。与现有的中心化服务器网络不同，在对等网络中每个节点既是客户端也是服务器。

（3）共识机制。区块链网络靠共识机制激励节点参与区块打包以及维护系统安全。共识机制是区块链网络的核心，与区块链网络的安全性、可扩展性和去中心化密切相关。

（4）分布式系统。所谓分布式，是指系统不会把所有数据仅仅存储在某一个特定的服务器或节点上，也不会仅仅由某一个特定的服务器或节点提供所有的服务。在区块链网络中，每一个节点都存储完整的区块链账本并提供相同的服务。

1.1.4 竞争币的发展

在比特币诞生后，受到比特币的启发，世界各地涌现出一大批自发组成的技术团队，他们纷纷模仿比特币，在比特币的基础上对它的系统参数、共识机制、加密算法等进行了改进，从而派生出更多的数字货币。这些数字货币很多都与比特币有着高度的相似性，因此被称为"竞争币"或"山寨币"。

迄今为止，全世界最大的数字货币排行榜网站 www.coinmarketcap.com 上共收录了超过 5 000 种数字货币，并且这个数目还在增加。这些数字货币都是在比特币之后诞生的。

实际上，在比特币诞生后的相当长一段时间里，比特币都是数字货币世界中的唯一。直到 2011 年 4 月，一个新的数字货币 Namecoin（域名币）诞生了。域名币的目标是成为一个去中心化的域名注册系统。紧接着，越来越多的开发者开始在比特币的基础上进行改进，通过重置一些参数（如货币的发行量、区块产生时间、加密算法等）产生出了大量新的数字货币。在这些数字货币中，比较有名的有以下三类：

第一类是对加密算法和发行机制进行改进，典型的有莱特币（Litecoin）和狗狗币（Dogecoin）。

莱特币是由曾任职于谷歌的程序员 Charlie Lee（中文名：李启威）设计并发布的，于 2011 年 10 月上线运行。莱特币在 3 个方面对比特币进行了改进：一是将产出每一个新区块的时间由比特币的 10 分钟改为 2.5 分钟，可以更快地确认交易；二是将发行总量由比特币的 2 100 万改为 8 400 万；三是将加密算法改为 Colin Percival 提出的 Scrypt 加密算法。

狗狗币是由 Adobe 公司悉尼市场部的职员 Jackson Palmer 和美国波特兰的程序员 Billy Markus 共同设计的，于 2013 年 12 月上线。狗狗币也基于 Scrypt 算法。它产出新区块的时间更短，只有 1 分钟。它的发行总量没有上限，每年都有一定的通货膨胀率，第一年发行 1 000 亿个，之后通货膨胀率以每年 5% 开始递减。

第二类是对共识机制进行修改，典型的有点点币（Peercoin）和维理币（VeriCoin）。

点点币是由 Sunny King 在 2012 年 8 月发布的。点点币的共识机制采用了基于工作量证明（Proof of Work）和基于权益证明（Proof of Stake）的混合机制。点点币的发行量没有上限，每年的通货膨胀率在 1% 左右。

维理币是由 Douglas Pike 和 Patrick Nosker 开发的，于 2014 年 5 月正式上线。它采用了被称为基于质押时间证明（Proof of Stake Time）的共识机制，在这种共识机制下，它的交易速度几乎是比特币的 10 倍。

第三类是对功能进行创新，典型的有质数币（Primecoin）和门罗币（Monero）。

质数币是由一位匿名黑客和点点币的创始人 Sunny King 联合开发的，于 2013 年 7 月上线。质数币对比特币的共识机制算法进行了改进。质数币大概每 1 分钟产生 1 个新的区块。其没有总量上限，质数币的产生速度与大质数的计算困难性相关。

门罗币创建于 2014 年 4 月，开发团队对它的定位就是匿名。门罗币采用 CryptoNote 协议，使用"环签名"（Ring Signature）和"隐秘地址"（Stealth Address）等技术来隐藏交易数据，追求交易的安全、隐私和不可追踪等特性。

尽管"竞争币"如雨后春笋般涌现，但它们中的绝大部分都因为没有突出的特点，在后来的市场竞争中逐渐被淘汰。直到2014年"以太坊"出现，才再次改写了区块链及数字货币的历史。

1.2　以太坊的诞生及发展简史

1.2.1　以太坊的诞生

以太坊（Ethereum）的创始人是俄裔加拿大人 Vitalik Buterin。1994年，Vitalik Buterin 出生在俄罗斯莫斯科。在6岁那年，他跟随父亲来到加拿大。在三年级时他就展现出了卓越的数学天赋，并在10岁时开始学习编程。

2011年，17岁的 Vitalik 初次接触比特币，不久就开始了对比特币的研究，并向《比特币周刊》（Bitcoin Weekly）投稿。后来他创办了《比特币杂志》（Bitcoin Magazine），并结识了不少当时比特币圈内的人物。

2013年，Vitalik 到各国拜访了大量开发者并与他们交流、讨论，提出比特币需要一种能用于开发复杂应用的语言，并构想了一个能支持这种语言的平台。这就是日后的"以太坊"。之后 Vitalik 将自己的想法整理汇总，撰写了《以太坊白皮书》。但他的想法并没有得到太多人的认可，于是 Vitalik 决定自己单干，并将《以太坊白皮书》通过他的朋友四处转发、传播。通过这种途径，他结识了一大批以太坊的支持者，并建立了以太坊最初的社区。

2014年1月，在美国迈阿密举办的北美比特币大会上，Vitalik 向世界展示了以太坊，随后成立非营利组织"以太坊基金会"，并于当年7月通过 ICO 募得3.1万枚比特币。

Vitalik 在推进以太坊开发的过程中，遇到了一位至关重要的人物——Gavin Wood 博士。Gavin Wood 是一位天才程序员，2013年开始对数字货币技术着迷，并通过朋友介绍认识了 Vitalik，从而加入了以太坊，帮助 Vitalik 完善了大量以太坊的技术细节，解决了以太坊的很多关键问题。

Gavin Wood 在以太坊开发过程中所作出的最大贡献就是撰写了经典的《以太坊黄皮书》，对以太坊的核心——以太坊虚拟机（Ethereum Virtual Machine,

EVM）进行了详细的定义和描述。在 Vitalik 和 Gavin Wood 的带领下，以太坊核心开发者们不懈努力，终于在 2015 年上线了以太坊主网。

那么以太坊和比特币相比有哪些不同呢？

从功能上说，比特币以及以太坊问世前的竞争币功能都非常简单，只能完成简单的转账交易。尽管比特币系统提供了一套脚本语言可以对交易进行编程，但这套系统功能非常简单，无法处理复杂的业务逻辑。

以太坊最根本的改变就是对比特币脚本语言的优化，将比特币的脚本语言发展成一套"半图灵完备"的系统。这里的"半图灵完备"可以理解为"半"＋"图灵完备"。所谓"图灵完备"，通俗地说，就是以太坊的这套系统能够编程，可以实现任何业务功能。而所谓的"半"，就是这套系统所能执行的计算步骤是有限的。所以以太坊的"半图灵完备"可以理解为功能无限，但执行步骤有限。我们可以用一个通俗的例子来解释：一辆功能完好的汽车，可以驶向任何地方，具备所有的驾驶功能，但汽车的油箱容量有限，只能装 45 升汽油，所以不管这辆车怎么开，在不补充燃油的情况下最多只能走 45 升汽油支撑的里程。

以太坊的这套系统实现了信息技术上的一次重大飞跃，将"智能合约"由理论变为现实。关于"智能合约"，我们会在后面的章节中详细描述。

以太坊也发行了自己的数字货币"以太币"（ETH），以太币也是以太坊的原生数字资产。在以太坊上，每执行一次交易或者一个计算步骤，都需要消耗一定数量的以太币，所消耗的以太币被称为"燃料"（Gas）。

1.2.2　The DAO 事件

以太坊诞生后，它的智能合约系统产生了巨大的威力，但与此同时，也出现了一次重大事故，这场事故直接导致了以太坊的分裂，这就是"The DAO"事件。

"DAO"是"去中心化自治组织"（Decentralized Autonomous Organization）的简称。它的目的是为营利和非营利机构创造一种去中心化的运作模式，在以太坊上依靠智能合约进行运作和管理。

这个项目在 2016 年 4—5 月发起了众筹，截至当年 5 月 21 日，共收到超过11 000 名参与者投资的价值 1.5 亿美元的以太币，可见当时的投资者对参与这个项目的热情之高。但在整个众筹融资的过程中，一直有人担心其智能合约代码可能会有漏洞而受到攻击。5月，一篇公开发表的论文揭示众筹的智能合约可能存在一些漏洞。6月，一名以太坊开发者也指出了合约中的一个漏洞。6月17日，社区发现一名黑客利用合约中的漏洞盗取了The DAO所募集的以太币，总共盗取超过360万个以太币，接近项目总募资额的1/3。

这次攻击对以太坊及以太币都产生了严重的负面影响。对于此次攻击，社区出现了两种截然不同的意见：一种意见认为不能任由黑客作恶而放任不管，必须想办法把损失挽回。但要挽回损失，必然会加入人为的干预。另一种意见认为既然以太坊上的运作由合约代码决定，就不应该人为干预修改规则。在这种进退两难的情况下，以太坊创始人Vitalik Buterin权衡利弊，最终采纳了第一种意见，对以太坊进行硬分叉来解决这一危机。

这种方式虽然挽回了投资者的损失，但严重分裂了以太坊社区，并使以太坊分裂为两个数字货币，一个是"以太坊"，另一个是"以太坊经典"（Ethereum Classic）。

小思考 1-1

相对于比特币，以太坊最颠覆性的发明是什么？

1.2.3　ICO

ICO是Initial Coin Offering或Initial Currency Offering的缩写，翻译过来是"初始代币融资"的意思。这是区块链众筹融资的一种方式。当一个区块链项目需要资金时，项目团队会发行这个项目的通证（Token），然后将该通证售卖给对本项目看好的投资者。在ICO进行的过程中，项目方卖出本项目的通证，换回某些指定的通证。这些换回的通证通常是市场上有价值、容易变现为法币的通证（如比特币、以太币等）。出售的项目通证和希望换回的指定通证之间会有一定的兑换关系。

举例来说，某项目方为了项目融资发行了通证A，并计划通过出售通证A换回比特币。项目方将通证A和比特币之间的兑换关系设定为每100个通证A换回1个比特币。项目方将此计划向大众公布后，看好该项目及通证A的投资者就可以参与投资，向项目方发送比特币，买回通证A。如果最终项目方共卖出了 10 000 个通证 A，就能换回 100 个比特币。如果比特币在公开市场上的售价为 1 万美元，则项目方通过此次 ICO 融资就得到了价值 100 万美元的比特币。

这种融资方式和股票融资的 IPO 方式类似：两者都通过出售自己的权益（在 ICO 中是通证，在股市中是股票）来筹措资金；两者在发售时都面向潜在的投资者。

但 ICO 与 IPO 也有显著的不同：ICO 的参与者无任何门槛或许可；ICO 的融资方不需要任何资质或牌照，也不受任何监管机构的监管；ICO 不受法律监管，因此投资者的利益不受法律保护。

在区块链领域，最早的 ICO 是 2013 年 7 月由一个名为"Mastercoin"的项目发起的。当时该项目共筹得 5 000 个比特币。ICO 自出现后便迅速发展，2013—2014 年许多区块链项目都成功地通过 ICO 筹得了资金。2014 年 7 月，以太坊成功地进行了 ICO 融资并筹得价值约为 1 800 万美元的比特币。之后人们非常偶然地发现可以利用以太坊开发智能合约进行 ICO 融资，这种融资方式的效率非常高并且非常安全。项目方要进行 ICO 融资只需要发布一套 ICO 智能合约到以太坊上，投资者只需要几分钟甚至更短的时间就可以在以太坊上完成 ICO 投资。

以太坊 ICO 上的这个应用场景一经出现便立刻风靡全球，成为各类项目进行 ICO 融资的首选平台，曾占据 ICO 市场总额的 80%。ICO 的发展在 2017 年达到高潮并缔造了一系列融资神话：如 2017 年 5 月，浏览器项目 Brave 在 30 秒内成功融资 3 500 万美元；2017 年 9 月，即时交流工具 Kik 融资 1 亿美元……

然而，ICO 在发展和繁荣的同时也开始出现被滥用甚至是欺诈的现象，这一方面引发了投资者的不满，另一方面也引起了全球各国政府和监管层的高度警惕。

2017 年 9 月 4 日，中国人民银行联合中央网信办、工信部、国家工商总局、银监会、证监会和保监会共同发布了《关于防范代币发行融资风险的公告》（以下简称《公告》），对 ICO 融资进行彻底禁止和清退。自此，ICO 在我国被彻底禁止。

不仅我国，世界上很多国家都从 2017 年开始对 ICO 进行严格的监管。2017 年以后，ICO 融资开始逐渐退潮，现在几乎已经绝迹。

利用以太坊智能合约进行 ICO 融资是区块链应用场景的一次大规模爆发。

它在历史上首次创造了无门槛、不受监管、抗审查的投融资方式。但由于这种方式缺乏监管，导致鱼龙混杂，欺诈和非法活动猖獗，最终被各国严厉监管和禁止。

1.3　区块链的特征

比特币、以太坊以及一系列竞争币的诞生使得区块链技术开始步入了飞速的发展期，区块链技术也逐渐突显出一些独有的特征。这些特征有哪些呢？为了让读者更好地理解这些特征，我们以比特币的发展史为例简要介绍一些区块链技术的典型特征。

（1）交易信息的可追溯性。2008年，当中本聪在网上发布了比特币白皮书后，人们发现，在中本聪设计的方案中，使用了一种链条式的数据结构记录网络从诞生开始起所有的交易记录。这些交易记录被封装在一个个区块中，通过加密技术前后关联，使得整个网络的交易历史得以完整地保存下来。这样的设计使得区块链中的交易信息可以追根溯源，找到历史上所有交易发生的时间、发送方和接收方等信息。

（2）信息的公开性。中本聪在设计比特币时，为了让比特币区块链中的交易公开可查询及验证，将其中的所有交易信息（比如交易金额、交易发送方、交易接收方等）设计为全部公开可查询。任何人只要通过比特币的区块链浏览器就能查询比特币区块链自"创世区块"开始的任何一笔交易的详细信息。因此，我们说比特币区块链中的交易信息是完全公开的。

（3）去中心化。在前面的章节中我们介绍过，在比特币区块链中由于每个节点都要存储一份一模一样记录了全网完整交易信息的账本，因此每个节点都能对网络中发生的任何一笔交易进行验证。这就使得对交易的验证不再是某个机构或某个节点的特权，网络也就不再需要担心某个机构或节点一旦无法正常工作则整个网络就会瘫痪这样的问题。只要有一个节点还能正常工作，比特币区块链就能维持正常的运转。而当网络中的节点越多时，比特币区块链就越能抵抗各种风险。这便是区块链去中心化特征的由来。

（4）信息的不可篡改性。2009年，当比特币刚刚上线时，网络上知道比特币的人极少，并且几乎只有中本聪在专注比特币的开发。一个偶然的机会，在2009年4月，当时还是一名在校大学生的马迪（Martti Malmi）在网上看到了比特币，并对它产生了强烈的兴趣。当即马迪便给中本聪发邮件问他：我很想为比特币的事情帮忙，不知道我能做点什么。中本聪用最简单也是最直接的方式答道：下载程序并让程序不断运行，不要关机。于是，马迪在自己的电脑上运行了比特币的客户端程序，使自己的电脑成为比特币区块链中的一个节点。正是像马迪这样成百上千的爱好者在早期通过网络下载比特币的客户端程序，使得比特币区块链中的节点越来越多。由于比特币区块链是个点对点的网络，因此在这样的网络中要修改其中的交易数据，根据理论计算攻击者必须具备至少全网51%的算力。而网络的节点数越多，全网的算力也就越强，攻击者要修改网络中交易数据的难度也就越大。这就是区块链中信息不可篡改的原因。

（5）匿名性。无论是中本聪、马迪，还是千千万万正在或将要参与比特币区块链活动的爱好者，当他们用电脑或专门的高性能设备运行比特币的客户端程序时，都不需要像参与互联网平台或金融平台那样输入自己的个人身份信息（如姓名、电话、身份证号码等），因此所有参与比特币区块链活动的人在这个网络中的身份都是匿名的。

（6）无需许可。正如中本聪回复马迪的那样，参与比特币区块链的活动，简单直接的方式就是下载程序并运行。在这个过程中，任何人要参与比特币区块链的活动只需要自己愿意，下载程序运行就可以，不需要任何第三方机构的许可或资质审核。这个特征被称为"无需许可"，也被称为"开放性"。

（7）去信任。所有运行比特币客户端软件参与比特币区块链中活动的节点，无论在加入网络前还是在加入网络后相互之间都无须建立信任关系。而在一些传统的互联网平台或金融平台中，如果外来者想参与平台的某些活动，扮演某些角色，则必须与平台方事先进行沟通，获得平台方的信任。这一点在互联网电商平台中尤为典型：一些大型电商平台会对入驻的品牌进行审核，以确保品牌方的信誉，这就是建立信任的过程。而在比特币区块链中这一过程是不需要的，也是根本就没有的。

（8）自治性。所谓的"自治"，是指一个系统在没有外力辅助的情况下依靠自身机制就能维持系统的运转。在比特币诞生后，随着比特币越来越具备商业价值，参与比特币区块链的"挖矿"活动获得比特币逐渐成为一个营利性的活动。在这个利益机制的驱使下，参与比特币区块链的活动逐渐由早期的自愿和兴趣演变成有组织、有动机的行为。这在客观上激励更多人运行比特币的客户端软件，成为比特币区块链的节点并为比特币区块链的维系作出贡献，也使得比特币区块链越来越强大，越来越安全，成为一个自治的系统。

小思考 1-2

根据比特币白皮书的描述，中本聪发明比特币是为了解决哪些问题？请举例说明。

1.4　区块链的分类

在比特币、莱特币、以太坊等各类数字货币诞生后，业内逐渐将区块链技术从数字货币中抽象独立出来，并将其结合不同的使用场景发展出了不同的技术方案和体系结构。现在区块链网络根据节点接入权限的不同，一般分为公有区块链、联盟链和私有区块链三大类。

1.4.1　公有区块链（公有链）

公有区块链通常简称为公有链或公链（Public Blockchain/Permissionless Blockchain）。公有链完全对外开放，任何人都可以在无需许可的情况下加入系统，成为系统的节点。公有链中没有权限的设定，也没有身份认证，并且系统发生的所有交易数据都可以被公开查看，系统可被视为完全公开透明。比特币系统就是一个典型的公有链。用户想加入公有链，只需要下载并运行相应的软件客户端，便可以创建钱包、转账交易、挖矿等。

公有链没有中心化机构管理，其运行依靠的是共识机制，确保每个参与者在不信任的网络环境中能够发起交易并得到可靠执行。通常来说，凡是需要公众参与、需要最大限度地保证数据公开透明的系统，都适用于公有链，如比特币、以太坊等数字货币系统。

公有链是最早也是目前受众最广泛的区块链。公有链最大的特点是不可篡改、信息公开、去中心化。每个区块链网络中的参与者都能看到所有的账户信息及交易信息。去中心化和安全性是它最突出的优点。目前，比较典型的数字货币如比特币、以太币等都是公有链。这些数字货币系统安全性很高，不受第三方监管。

尽管公有链在安全性方面表现突出，但由于目前在技术方面尚存在一些缺陷，公有链在处理交易的性能上还存在较大的问题。

1.4.2 联盟链

联盟链（Consortium Blockchain）是指节点加入系统需要一定的授权，区块的产生、共识的完成由预选节点来实现。

与公有链不同，联盟链系统中数据的读写权限会受到一定程度的控制，尤其是写入权限。比如，区块由什么节点产生会受到严格的限制。这种区块链可被视为"部分去中心化"。联盟链适用于机构间的交易、结算或清算等B2B场景。例如，在银行间进行支付、结算、清算的系统就可以采用联盟链的形式，将各家银行的网关节点作为记账节点。

联盟链通常适用于包含多个成员角色的环境，如银行间的支付结算、企业间的物流等。在这些场景下，参与系统的成员往往有不同权限。联盟链系统一般需要身份认证和权限设置，而且节点的数量往往也是确定的。相对公有链而言，联盟链更适合处理企业或者机构之间的事务。此外，联盟链系统中不同的数据可以有不同的属性，如政务系统中部分数据可以对外公开，部分数据不能对外公开。

从使用对象来看，联盟链仅限于联盟成员参加，联盟的规模可以大到国与国之间，也可以小到不同机构、企业之间。这个系统不完全对外开放，使用权限被限制在若干联盟成员之间。因此，节点加入联盟链需要授权，或者只有某些特定的节点才允许加入联盟链。

相对于公有链，联盟链的一个显著优点就是结构灵活，处理交易的速度快。这是因为联盟链中的节点数量和身份都已知并且已经规定好了，所以可以使用相对灵活的共识机制，从而使得交易的处理速度比公有链大大提高。由于联盟链一般使用在明确的机构之间，因此节点的数量和状态是可控的，并且通常采用更加节能、环保的共识机制。

目前，联盟链的发展速度令人瞩目，正大规模出现在各个应用场景中。

尽管联盟链交易速度快，但相对于公有链，它并不是完全去中心化的，因此数据的不可篡改性较公有链弱。从理论上说，联盟链系统中的节点之间可以联合起来修改区块链数据。

1.4.3　私有区块链（私有链）

私有区块链（Private Blockchain）通常简称为私有链，这是与公有链相对的一个概念。所谓私有链，就是指该系统不对外开放，仅在组织内部使用，如企业的票据管理、账务审计、供应链管理等系统，或者是一些政务管理系统。私有链在使用过程中，通常有注册要求，也就是需要提交身份认证，而且具备一套权限管理体系。

在某些使用区块链网络的应用场景下，区块链网络的开发者并不希望任何人都可以参与这个系统，因此建立了一种不对外公开、只有被许可的节点才可以参与并且查看数据的私有区块链。私有区块链一般适用于特定机构的内部数据管理与审计。

私有区块链仅使用区块链的分布式账本技术进行记账，系统中具备数据写入权限节点的可以是一个公司，也可以是个人，甚至写入权限可以独享。在这种情况下，私有区块链与其他的分布式存储方案没有太大的区别。目前，有些传统金融机构希望实验、尝试区块链技术时，往往会先在内部部署一套私有区块链进行测试和运营。

一般来说，私有区块链中节点的读写权限、记账权限等按联盟规则来制定。整个网络由成员机构共同维护，网络接入一般通过成员机构的网关节点进行，共识机制由预先选好的节点控制。

私有链的特点是共识机制及技术架构可以完全自己定制，因此交易速度极快，同时隐私能够很好地得到保护并且交易成本极低。

在很多场景下，联盟链和私有链的区别并不十分明显；在某些特殊的场景中，联盟链就是私有链。因此，联盟链和私有链也常常被统称为许可链（Permissioned Blockchain）。

在联盟链和私有链环境中，节点数量和节点的状态通常是可控的，因此，一般不需要通过竞争的方式来筛选区块数据的打包者，可以采用更加节能、环保的方式，如 POS（Proof of Stake，权益证明），DPOS（Delegate Proof of Stake，委托权益证明），PBFT（Practical Byzantine Fault Tolerance，实用拜占庭容错算法）等。

相比公有链和联盟链，私有链更加不具备去中心化的特点。同时，私有链是可以被操控的，其数据也可以被修改，因此系统遭到攻击及数据遭到篡改的风险较大。

1.5 区块链和其他信息技术的结合

除了区块链技术，近年来还涌现出一大批其他领域的新兴信息技术，比较重要的有物联网、大数据和人工智能。

区块链与这些新兴技术在很多方面形成了互补和协同效应，它们的相互结合及综合使用已经在各类应用场景中发挥强大的作用，并对国民经济和社会生活产生了深刻影响。

1.5.1 区块链+物联网

物联网（Internet of Things，IoT）是在互联网的基础上综合利用RFID、无线通信等技术，构造一个万物（各种设备）互联的网络。在这个网络中，各种设备能够互联互通，而无须人工干预和管理。其实质是通过网络让相互连接的设备实现信息互通及数据共享。

2005年11月27日，国际电信联盟（ITU）发布了《ITU互联网报告2005：物联网》，正式提出了物联网的概念。自物联网的概念被提出后，相关的软件和硬件技术开始迅速发展，目前各类丰富的物联网技术应用已经逐步融入了我们的日常生活。

近年来风行的"智能家电"就是一个物联网应用案例。通过在我们的家用电器及各种家用设施上安装传感器、网络接口等，就可以使这些设备互联互通并连接到外部互联网。在可预见的未来，当技术进一步发展并成熟到一定地步时，这些家电将直接连接到负责电器维护的服务中心，并通过传感器直接和服务中心进行通信，传递各种状态信息。负责运维的人员远在异地就可以实时观察家电的使用情况，并对各种状况进行及时处理。

区块链与物联网是一种共同促进、共同成长的关系。

1）区块链+物联网可以实现海量终端设备的接入和互动

我们当前的物联网所采用的整体架构仍然是客户/服务器或客户/云等中心化模式。这种模式的效率低、成本高。在规模越来越庞大、构成越来越复杂的环境中，需要迅速对终端进行响应和处理，这需要直接的点对点通信模式和点对点组网。现有物联网的中心化模式已经越来越难以胜任这类场景，而区块链技术的出现则正好为这种场景提供了有效的去中心化工具。只有进行有效的去中心化，让海量分布的各类设备能互相灵活地交换信息，及时对外界作出响应才能够更好地处理各种实时事件。

2）区块链+物联网能够降低整体网络的成本

现有的物联网架构采用的仍然是传统中心化结构，对终端节点的响应由服务器或云服务平台进行处理。这种处理方式导致中心服务器或云平台在能耗和企业成本支出方面存在巨大压力，同时由于任务的处理都要经过中心化服务器和云平台才能将结果反馈到终端，故存在一定的延时，甚至错过事件处理的最佳时机，这使得系统的整体效率低下。区块链的去中心化架构让节点之间直接通信，在本地就能处理一部分任务，一方面提高了效率，另一方面也降低了对中心化服务器和云平台的性能要求，从而减轻了成本压力。

3）区块链+物联网能够保障物联网的数据安全

物联网的中心化管理架构使自身在信息安全方面存在一定隐患。在这种架构中，所有的数据都在中心化服务器和云平台进行处理，一旦服务器或云平台出现故障，将导致数据的永久丢失和无法恢复，这是中心化架构无法回避的问题。而区块链技术的分布式账本系统让每个节点都有账本数据的备份，即便个别节点出现故障和宕机，也不会损失数据，并且节点的数据可以通过节点间同步快速恢复。此外，在现有的物联网系统中，中心化服务器和云平台就像整个系统的"大脑"，一旦中心化服务器或云平台受到黑客攻击或出现故障，则整个系统就会瘫痪。而在区块链网络中，去中心化使得每个节点都有一定的数据处理能力，不存在中心化服务器，因此即使部分节点遭到攻击或出现故障，也不会影响整个系统的正常运转。

1.5.2 区块链+大数据

大数据（Big Data）这个概念出现在 20 世纪 90 年代，它通常指在一定时间内难以用常规软件工具提取、管理、分析和处理的海量、复杂的数据集。大数据的"大"通常指数据的容量，并随时代的变化在不断变大。由于大数据的复杂性和多样性，往往需要使用专用的方法和技术才能从数据中提取有价值的信息。

大数据技术的关键不在于掌握庞大的数据信息，而在于对这些数据进行专业的处理，也就是对大数据的"加工能力"，通过对大数据的"加工"实现数据的"增值"。

区块链和大数据相结合能在很多方面改善大数据发展的现状，主要表现在以下两个方面：

1）提高数据存储的安全性

现有的大数据系统一般都存储在中心化服务器或者云平台中，都面临单点风险：当服务器或云平台受到攻击或出现故障时，数据会丢失。区块链去中心化、分布式的存储方式将使得数据的保存不再面临单点风险，即使部分节点存储的数据丢失，系统中其他节点仍然可以提供完整的信息。

2）提高数据共享性，发挥大数据的价值

在大数据的应用中，往往由于利益的排他性，导致不同体系的数据自成一体、相互隔绝，形成大量的信息孤岛，使孤立的信息无法发挥出潜在的价值。在区块链网络中，数据在一定程度上是公开、共享的，这能打破大数据应用中的孤岛效应，打通数据的共享渠道，使得数据的价值得到挖掘和发挥。

区块链与大数据的整合，在未来将是一个必然趋势。区块链可以让大数据的发展和应用走向更广阔的场景。同时，借助大数据的东风，区块链也有可能更快地找到自己在现实中的落脚点，获得更好的发展。

1.5.3 区块链+人工智能

通俗地讲，人工智能（Artificial Intelligence，AI）是研究如何让机器能够模

拟人脑的感知功能，"学习"并"解决问题"的学科。

人工智能试图探究智能的实质，并使机器产生出类似人脑的智能。人工智能作为一门学科被确立最早可追溯到20世纪50年代。1956年，以麦卡赛、明斯基、罗切斯特和申农等为首的一批有远见卓识的年轻科学家在一起聚会，共同研究和探讨用机器模拟智能的一系列有关问题，并首次提出了"人工智能"这一术语，它标志着"人工智能"这门新兴学科的正式诞生。

人工智能之所以被确立为一门学科是因为人们认为人脑的智能是有规律可循并且可以被精确描述的，因此可以用机器来模拟人脑的智能。人工智能研究的领域包括机器人、语言识别、图像识别、专家系统、自然语言处理等。

近些年来，人工智能的应用再次受到全球的高度瞩目。这些应用中尤其以近年来新兴的高仿真机器人和屡次在人机围棋大赛中出尽风头的AlphaGo系统最让人惊艳。

区块链技术的开放性和对数据安全的保障对人工智能技术有极大的补充和扩展。两者相结合能产生的效应主要表现为以下方面：

1）区块链技术可以保障人工智能中数据源的安全性和完整性

人工智能算法需要用到大量数据进行学习和进化。这些数据现在绝大部分都存储在中心化服务器或云平台上，这些中心化系统一旦出现故障或遭到攻击则数据就会丢失或遭到篡改，导致人工智能算法算出结果的有效性大打折扣。前面我们提到的AlphaGo战胜围棋世界冠军是依靠学习历史上大量对局的原始数据才得出的算法和对策。如果这些原始数据丢失或遭到篡改，则AlphaGo是否还能取得如此骄人的战绩则要打个问号。而对数据安全性和完整性的保障正是区块链技术的强项和特点。

2）区块链的去中心化机制可以协助和激励人工智能应用对数据源的广泛需求

人工智能需要海量的数据进行学习，但当前由于信息孤岛效应使得人工智能需要的数据无论是在数量还是在质量上都很难满足需求，且严重依赖中心化机构。

谷歌曾经开发了一套"Google Cat"系统。这套系统通过学习1 000多万条视频后学会了辨识猫，但这1 000多万条视频几乎都是从互联网视频巨头YouTube

上获取的。在这个例子中，YouTube这一家机构提供的数据足够用，然而在更多的例子中，单靠某一个或多个中心化机构是很难满足学习所需要的数据的。而公有链是个开放的系统，通过共识机制激励无须信任的节点参与系统活动，汇聚各个节点的资源共同维护这个系统的安全和发展。这个特性将有希望解决人工智能目前面临的数据源有限、数据单一的窘境。

3）区块链技术有望为人工智能提供强大的算力资源

人工智能需要强大的算力，而现有日益增长的对算力的需求已经使得传统的中心化平台不堪重负。区块链的去中心化机制将有希望通过共识机制激励和汇聚零星、闲置、海量的算力为人工智能所用，为人工智能应用提供廉价、庞大的算力支撑系统。

1.6　区块链的落地应用

当前，区块链的应用已经从最初的数字货币扩展到国民经济和社会生活的各个领域，构筑了众多"区块链+"的应用生态。下面介绍一些典型的区块链应用场景。

1.6.1　区块链+金融

区块链技术具有的不可篡改、去中心化、去信任、可追溯等特点，可以很好地解决当前金融领域存在的一些"痛点"。

目前，金融系统中由于各部门的信息割裂容易形成信息孤岛，导致金融机构在查询交易、搜索数据及分析金融数据的过程中需要耗费巨大的成本。借助区块链技术，金融交易中的相关方可以将各自的相关数据上传至共享的联盟链系统，以实现信息共享，打破信息壁垒，降低处理成本。此外，区块链技术的不可篡改性和可追溯性可以增加金融数据被篡改的难度，保障交易数据的安全性和可靠性，使得交易双方不再需要耗费大量成本预先建立信用关系，提高了交易效率；区块链的智能合约技术可以根据交易双方事先约定的条件自动执行交易，并在交易过程中自动触发对交易违规行为的监测及反制，在很大程度上能防范金融违约的风险。

1.6.2　区块链+政务

政府内部多个部门间的数据分割和孤立会导致政务处理效率低下，如果能把一些数据在部门间以及人民群众及企业间建立有条件的共享、归集，则可以大大提高数据的使用率和政务效率，让群众及企业少"跑腿"。

在数据共享及归集的过程中，可以灵活运用联盟链和智能合约技术对数据共享权限进行控制和设定，明晰数据的归属、使用方和共享交换部门的数据权责，记录和存储数据交换的过程。其中，政务管理部门行使审批、调度、协调、仲裁的职能，对不按照规则存储、维护和使用数据的部门进行责任追溯，并对其中的违规、不合理行为进行责任追溯。这样既保障了数据安全和隐私，也使得数据使用率大大提高。

1.6.3　区块链+税务

区块链技术具有的数据可溯源、去中心化、去信任等特点，可以很好地解决当前税务领域存在的一些痛点。目前，税务系统存在的较为突出的问题有处理效率低下、税款不易溯源、税务账簿不透明等。

处理效率低下的原因在于其中心化系统在整个流程运转过程中无法打通各个环节，并且大部分流程都需要人工参与。在区块链网络中，中心化的处理系统将不再保留或极大弱化，各个节点都能保存所有的链上数据。这使得税务处理涉及的各个环节和部门都处于一个平等的地位而不存在信息差，因此事务处理在各个环节中流转的障碍会极大降低，并且智能合约可以在事务得到确认后自动执行，提高了税务部门的运行效率。

对于税款不易溯源的问题，区块链技术中的时间戳则起到了标记溯源的作用。当系统对每一笔税务信息进行确认后，打在信息上的时间戳就形成了天然的回溯标记。当税务部门需要调取税务信息时，可以直接根据财税信息上的时间戳在链上进行回溯追踪。

对于税务账簿不透明的问题，区块链技术的去中心化就起到了去信任、保证信息公开透明的作用。在区块链网络中，任何一个节点发出的税务信息都会被发送至全网所有的节点，每一个节点都可以看到这笔交易的流向、金额、发起人和接收者，这在一定程度上实现了账簿的公开透明，为税务部门进行数据统计和分析提供了可靠的保障。

1.6.4　区块链+司法

随着互联网信息化的发展，在司法领域，传统的证据形态日益被新型的电子证据所取代。与传统证据相比，电子证据存在更易被篡改、更易被复制、更易灭失等先天不足。

区块链具有去中心化、防篡改、可溯源、可信赖等特性，这使得区块链技术在司法领域具有广泛而独特的应用价值。

在司法取证领域，区块链技术可以发挥防篡改和可追溯的特点，畅通取证通道；在司法存证领域，可以由公证机关主导区块链存证体系，将部分线下公证事务转为链上公证，使其保真保存，具有可信性；在司法示证领域，如果司法取证、存证环节切实得到了保真、防篡改的保障，那么示证环节就可以高效、直观、方便地展示证据。除司法取证、存证、示证领域之外，区块链技术在法院内部也具有广泛的应用场景。例如，电子卷宗、电子档案、裁判文书防篡改，办案过程中重要的操作记录、文件、数据防篡改及干警档案防篡改等。

1.6.5　区块链+医疗

在目前的医疗数据中，有超过90%来自医学影像；医学影像信息被数据化后形成了丰富多样、存储量庞大的非结构化医学大数据，这使得其在捕捉、存储、管理和分析上存在诸多困难，且数据来源复杂，数据孤岛现象严重。

利用区块链技术在共识机制和隐私保护方面的优势，可以在医疗系统内部建立联盟链系统，让联盟内的医院及病患共享数据，并对数据进行加密处理。这样一方面免除了数据的重复输入，另一方面可以使病患信息在共享过程中得到保护，从而有利于病患得到更多的资源，并得到及时准确的诊治。

1.6.6　区块链+溯源

目前，溯源行业的主要痛点是数据造假问题。在现有的溯源场景中，商品在整个生命周期及物流过程中涉及多个不同机构和不同流程，这很难保证各方提供的数据都是真实的，同时，无论由哪一方负责存储溯源信息，都有数据被篡改的风险。

区块链技术的核心优势是能够在去中介的条件下实现低成本的信任关系。通过将溯源信息保存在区块链账本中，商品生命周期中的各个参与方都将作为区块链节点共同维护存储溯源信息的账本，保证溯源信息一旦上链就不可篡改、不可伪造、不可抵赖；在商品生命周期中的参与方、消费者和监管机构之间形成具有较高公信力的溯源机制，解决数据造假的核心痛点。

小思考1-3

区块链在哪些领域有落地的实践探索？

1.7　区块链技术的前景展望

区块链技术具有广阔的发展潜力和丰富的应用场景，但目前区块链技术仍处于初级阶段，技术本身的发展还极不成熟。

区块链技术依赖众多技术领域，包括密码学、分布式系统、网络与计算体系结构等。这些技术领域都是区块链技术发展和成熟的基础，但这些技术领域本身也需要进一步完善。例如，在密码学领域，仍需解决随机数产生、抗量子攻击等问题；在分布式系统的共识机制方面，需要解决性能、安全、去中心化形成的"不可能三角"等问题。

此外，基于区块链技术发展出的智能合约衍生出了一系列新的问题，如智能合约一经部署即无法修改，一经运行便无法阻止。一方面，这些特性使得智能合约能够公正、公开、不受干扰地执行；另一方面，一旦智能合约本身存在漏洞，被黑客利用或攻击，则会给合约部署者或用户造成难以挽回的损失。因此，对智能合约的分析、审计和测试就至关重要，而目前这方面的技术和发展也处于初级阶段，还很不成熟。

在区块链技术的应用层面，区块链网络中引入通证可以激励系统的节点参与系统的维护及分配系统的利益，这种手段有望改变目前商业和社会生活中各领域的生产关系，提高效率、降低成本。但如何在使用通证进行激励的同时也遵守现行法律，防止通证被滥用甚至从事非法活动也是区块链技术给全社会带来的一大挑战。

问题与思考

1. 世界上有国家将比特币设为其法定货币吗？你认为这种实验最终的结果会如何？

2. ICO 的兴衰给了我们什么启示？

3. 区块链的典型特征有哪些？

4. 区块链一般分为哪几类？

5. 区块链和哪些信息技术有密切的结合点？

第二章

区块链技术基本概念

（1）理解比特币的基本概念、区块结构和共识机制；

（2）理解以太坊的基本概念、区块结构和共识机制；

（3）理解"挖矿"、分叉的概念；

（4）理解热钱包和冷钱包的概念，掌握两者的根本区别；

（5）了解侧链、跨链和第二层扩展技术的基本概念。

思政目标

利用区块链技术，构建学习区块链，将对受教育者的学习内容、学习体验、学习反馈及教育过程的每一阶段以时间为序自动形成链式记录，打破了长期以来由教育者专门记录数据的传统，而且该记录能更全面准确地反映学生的学习动态以及思想行为变化情况，有利于教育者更全面精准地掌握教育对象的学习情况。

2.1 比特币基础

这一章我们将介绍比特币的一些基础知识，它们涵盖了比特币运行过程中的一些关键术语和技术，对这些基本知识有了一定的了解后，我们就能对比特币有一个比较完整的认识。

2.1.1 比特币的基本概念

1）比特币

当我们谈及"比特币"时，有两个概念与之相关：一个是指第一个基于区块链技术诞生的去中心化比特币区块链，这条区块链是在中本聪的带领下开发并于2019年1月正式上线；另一个是指在这个区块链上发行的原生数字资产，这个资产是为了奖励这个区块链中的"矿工"节点参与维护系统而发行的。

当我们指这个区块链时，严格的说法是比特币区块链；当我们指这个区块链上的原生数字资产时，就是指比特币。

不同于现实生活中的货币，比特币并不是能够被触摸感知的实物，而是以数字形式存在的一种特殊数字资产，也被视为一种特殊的记账单位。

2）比特币的单位

我们在日常生活中使用的货币都有单位，比特币也有自己的单位，具体包括：比特币（Bitcoins，BTC），比特分（Bitcent，cBTC），毫比特（Milli-Bitcoins，mBTC），微比特（Micro-Bitcoins，μBTC 或 uBTC），聪（Satoshi）。聪为比特币的最小单位。

它们之间的换算关系如下：

1 比特币 = 10^2 比特分 = 10^3 毫比特 = 10^6 微比特 = 10^8 聪

3）钱包

在日常生活中，我们会用钱包存放纸币和硬币。在比特币系统中，我们也需要"存放"比特币的钱包。比特币实质上是交易的金额，而"存放"比特币的钱包实际上是一类记录交易余额的软件或者 App 应用程序。这类软件或 App 应用程序记录了账户中比特币的余额，用户可以通过它来进行转账。通常，这些软件或者 App 应用程序运行在我们的电脑或者手机上。

比特币的客户端软件实际上就是一个钱包软件，但运行一个比特币的客户端软件太耗资源，操作起来也不方便，因此后来大量开源软件团队开发了功能简单、操作容易的各种轻钱包软件。今天大部分用户用来存放和转账比特币的钱包实际上就是这类轻钱包软件。

目前，比较流行的比特币钱包软件有：Bitcoin Core、Bitcoin Knots、Multibit HD、Armory、Electrum、mSIGNA、Bitcoin Wallet、Breadwallet、Bither、GreenBits、GreenAddress……各种钱包软件尽管在界面和操作上稍有不同，但本质上都是一样的，用户可以根据自己的偏好选择钱包软件。

4）助记词

每一个尚未接触比特币但正准备进行比特币转账交易的用户要做的第一件事就是下载一款钱包软件。当用户第一次运行一个钱包软件时，通常会被软件提示要记录一系列"助记词"（Mnemonic/Seed Phrase）。例如：maple、cake、honey、sugar、pudding、candy、cream、rich、smooth、crumble、sweet、treat。

通常这个助记词由 12～24 个英文单词组成。助记词对用户来说极为关键，它相当于我们在银行存款的取款密码，但又与取款密码不同。当我们忘记了银行的取款密码后可以凭身份证到银行重新设置密码，拿回我们在银行的存款；但当我们忘记了助记词，则没有人能帮我们找回它，这也意味着我们将永远无法再拥有钱包里的比特币。此外，我们也无法对同一钱包重置助记词，因此如果有人盗取了我们的助记词，则他人也可以盗取我们钱包中的比特币，我们无法通过重置助记词保护钱包中的比特币。

因此，所有的钱包软件在显示助记词时，会提示用户要注意使用环境的安全，避免助记词被盗取；同时，钱包软件还会提醒用户要用笔和纸记录下助记词，存放在安全保密的地方。

5）私钥

在比特币的早期阶段，当用户使用钱包时，是没有助记词的，只有私钥。私钥的作用和助记词一样，也是我们取回钱包中比特币的凭证。它是由一串64位16进制数组成的字符串。下例即为一个比特币的私钥：

7E72F6B89E6E226A36B68DFE333C7CE5E55D83249D3D2CD6332671FA445C4DD3

私钥是比特币钱包最终的安全保障。和助记词一样，私钥一旦遗失也无法借助第三方找回，私钥被盗也意味着钱包中的比特币可能被盗。

但是私钥这一串64位的16进制数对用户而言实在太难记，而且在操作过程中很容易弄错，因此比特币团队在比特币改进协议BIP39中提出用英文单词组成的助记词替代私钥，让用户能用助记词这种更方便的凭证取回钱包中的比特币。

那么助记词和私钥之间是什么关系呢？助记词可以生成私钥。一个钱包有一个助记词，这个助记词可以在钱包中生成海量的私钥，这些私钥都由这个助记词来管理。

6）公钥

比特币的公钥是和私钥一一配对的，比特币及其他基于区块链技术的数字货币都遵循一个私钥对应一个公钥的规则。私钥一定要安全保存并且避免泄露，公钥则可以对外公开。当用户要进行比特币交易时，私钥用于对交易进行数字签名，公钥则会被用来验证数字签名的有效性。

以比特币转账过程中的数字签名为例，私钥和公钥在交易过程中所起的作用如下：当用户A要向用户B转账5个比特币时，用户A首先会构造这笔交易，然后用自己的私钥给这笔交易签名并把交易向比特币全网广播。当用户B接收到这笔交易后，会用A的公钥来验证这笔交易是否发自A。

因此，私钥和公钥在比特币中的应用是密不可分的。

7）地址

比特币用户在谈及比特币交易时经常会说比特币"账户"，但实际上，比特币区块链中是没有账户的，只有"地址"。比特币区块链中的每一笔金额都记录在区块链上，系统使用脚本把每一笔金额锁定到某一个地址上。一个地址上比特币交易余额的总和就是所有锁定到这个地址上的比特币的总金额。

当用户打开自己的钱包时，会看到钱包中有一个或若干个地址，每个地址中有若干比特币。所有这些地址锁定的比特币总额就是这个钱包中比特币的总金额。

在比特币交易中，交易双方的转账都是从一方的地址发送到另一方的地址。地址可以公开，地址的公开不会对该地址持有的比特币造成安全隐患。但地址公开后，任何人都可以在比特币系统中查询到该地址所拥有的比特币余额。

8）私钥、公钥和地址之间的关系

比特币的私钥、公钥和地址之间有着严格的数学关系，通过一定的算法计算得出。这三者的关系如图2-1所示。

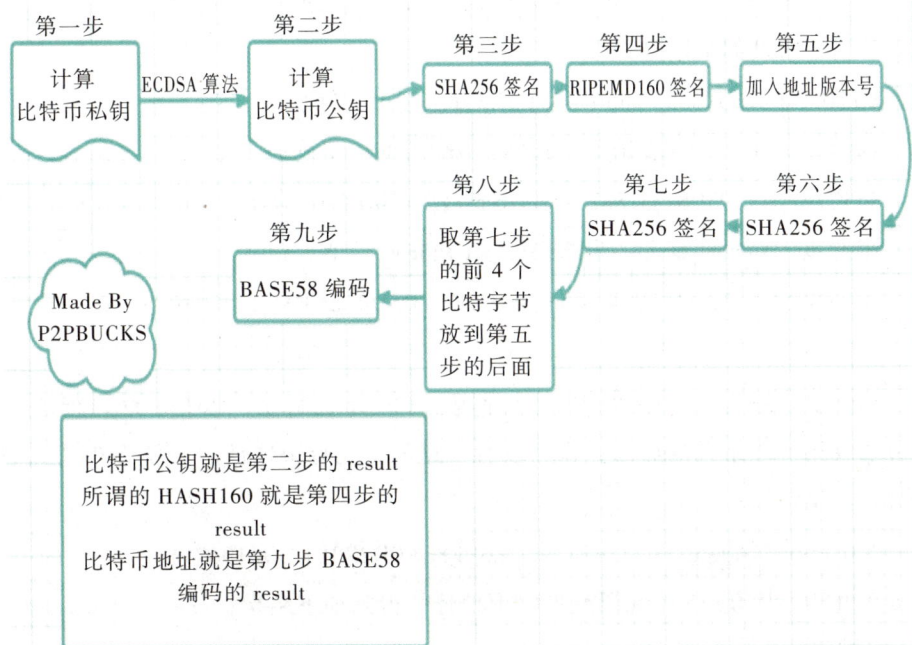

图2-1　比特币私钥、公钥和地址之间的关系

其计算过程如下：

第一步，随机选取一个大小介于 1～0xFFFF FFFF FFFF FFFF FFFF FFFF FFFF FFFE BAAE DCE6 AF48 A03B BFD2 5E8C D036 4141 之间的32字节数作为私钥，例如：

18e14a7b6a307f426a94f8114701e7c8e774e7f9a47e2c2035db29a206321725

第二步，使用椭圆曲线加密算法（ECDSA-SECP256k1）计算私钥所对应的非压缩公钥（共65字节，1字节0x04，32字节为x坐标，32字节为y坐标），得到如下结果：

0450863AD64A87AE8A2FE83C1AF1A8403CB53F53E486D8511DAD8A04887E5B23522CD470243453A299FA9E77237716103ABC11A1DF38855ED6F2EE187E9C582BA6

第三步，计算公钥的SHA256哈希值，得到如下结果：

600FFE422B4E00731A59557A5CCA46CC183944191006324A447BDB2D98D4B408

第四步，计算上一步哈希值的RIPEMD160哈希值，得到如下结果：

010966776006953D5567439E5E39F86A0D273BEE

第五步，在上一步计算的结果前面加入地址版本号（如比特币主网版本号"0x00"），得到如下结果：

00010966776006953D5567439E5E39F86A0D273BEE

第六步，计算上一步结果的SHA256哈希值，得到如下结果：

445C7A8007A93D8733188288BB320A8FE2DEBD2AE1B47F0F50BC10BAE845C094

第七步，再次计算上一步结果的SHA256哈希值，得到如下结果：

D61967F63C7DD183914A4AE452C9F6AD5D462CE3D277798075B107615C1A8A30

第八步，取上一步结果的前4个字节（8位16进制数）D61967F6，把这4个字节加在第五步结果的后面，作为校验（这就是比特币地址的16进制形态），得到如下结果：

00010966776006953D5567439E5E39F86A0D273BEED61967F6

第九步，用BASE58编码变换一下地址，得到如下结果：

16UwLL9Risc3QfPqBUvKofHmBQ7wMtjvM

这个最终的计算结果就是一个比特币地址。因此，可以说一个私钥可以生成一个公钥，一个公钥又可以生成一个地址。

我们在前面介绍过，在一个钱包中，一个助记词可以生成海量私钥。因此在一个钱包中，一个助记词可以生成多个私钥，对应多个公钥，对应多个地址。

小思考 2-1

比特币私钥、公钥和地址之间的关系是怎样的？

9）UTXO

在比特币系统中，是没有"比特币"的，只有 UTXO。

UTXO 的全称是"Unspent Transaction Output"，即未花费交易输出的意思。它是比特币交易生成及验证的一个核心概念。比特币的每一笔有效交易都由交易输入和交易输出组成，每一笔交易都要花费一笔或多笔曾经的交易输入（Input），同时会产生一笔或多笔交易输出（Output）。其所产生的输出，就是 UTXO。

在比特币中，所有的有效交易都是前后关联的。每一笔有效交易都可以追溯到前向一个或多个交易输出。

比如，用户 A 的比特币钱包中原本余额为 0，一个偶然的机会他挖到了12.5 枚比特币，这 12.5 枚比特币会以一笔交易（这笔交易被称为"coinbase"交易）的形式发到他的钱包中，这 12.5 枚比特币的交易就是他得到的一笔 UTXO，这时他的钱包余额就变为 12.5。接下来，他把其中的 5 枚比特币转账给用户 B，整个过程是这样处理的：系统将他钱包中的这 12.5 枚比特币的 UTXO 分为两笔交易，一笔为 5 枚比特币的交易，另外一笔为 7.5 枚比特币的交易。5 枚比特币的那笔交易发给了用户 B，而 7.5 枚比特币的这笔交易发给了他自己。这 7.5 枚比特币就是用户 A 再次得到的一笔 UTXO，5 枚比特币就是用户 B 得到的一笔 UTXO。

这个过程如图 2-2 所示。

一个比特币钱包中存在的全部都是这样的 UTXO，可能不止一笔，所有这些 UTXO 加起来的金额就是这个钱包中合计的比特币余额。

从上面这个例子我们可以看出，系统中每进行一笔交易，都要消耗一笔或多笔 UTXO，同时也会生成一笔或多笔 UTXO。

比特币的 UTXO 遵循两个规则：

第一，除了 coinbase 交易外，所有交易需要的资金都源自前面一个或者多个 UTXO。

第二，任何一笔交易的交易输入总量必须等于交易输出总量。

Coinbase 交易 交易号：#1001			
交易输入	交易输出（UTXO）		
	第几项	数额	收款人地址
挖矿所得	（1）	12.5	A 的地址

普通交易 交易号：#2001			
交易输入	交易输出（UTXO）		
资金来源	第几项	数额	收款人地址
#1001（1）	（1）	5	B 的地址
	（2）	7.5	A 的地址

图2-2　UTXO示意图

10）比特币的呈现

我们介绍了比特币的一些基本概念，现在我们给大家展示一下，一个真实的比特币钱包中比特币是如何呈现的，如图2-3所示。

在图2-3中，最上面箭头所指的是这个钱包中比特币的余额：0.00054931 BTC，折合实时的市场价格约为26.35美元。框中的信息为这个钱包中最后一次进行的比特币转账交易，这是一笔从这个钱包向地址"1Dnbx7 ALdtsMcVDMAcZbnoX6pFNYqeyQ8s"转账3.71010369 BTC的交易。转账的时间是2020年10月5日。

图2-3 比特币及交易的呈现形式

图2-4显示了这个钱包中生成的多个地址。每个地址右边对应的"number of transactions"是指这个地址自产生以来总共发生过的交易笔数。

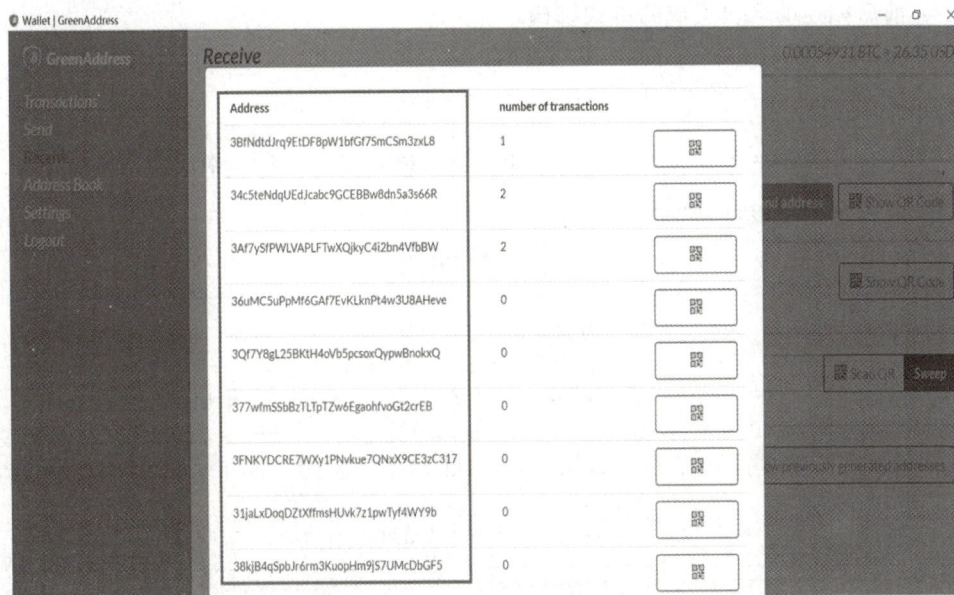

图2-4 比特币的地址

2.1.2 比特币的区块链及区块结构

1）比特币的区块链结构图

比特币系统的区块链是由一系列区块前后相连形成的链式结构，它的结构图如图2-5所示。

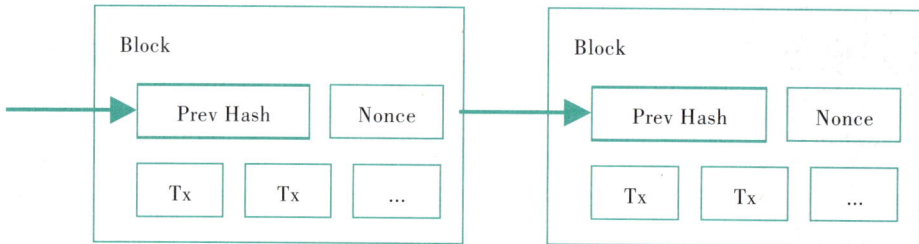

图2-5　比特币的区块链结构图

图2-5中的Block就是区块。整个比特币区块链就是由创世纪区块（Genesis Block，它是比特币区块链的第一个区块，是由中本聪创建的）开始无限延伸下去，前后相连的区块组成的链式结构。

2）比特币的区块结构

比特币区块链中每一个区块的结构都是一模一样的。每一个区块都由若干字段组成，这些字段见表2-1。

表2-1　　　　　　　　　　　　　比特币的区块结构字段表

字段名	大小（单位：字节）	数据类型	描述
magic_number	4	uint32	幻数。总是0xD9B4BEF9，作为区块之间的分隔符
block_size	4	uint32	区块大小
block_header	80	char []	区块头结构
transaction_cnt	可变长度	Uint	区块收录的交易数量
transaction	可变长度	char []	区块收录的所有交易数据

在比特币中，每个区块的大小不超过 1M 字节。

3）区块头结构（block_header）

在比特币的区块结构中，有一个非常关键的字段"block_header"（区块头），它也是由若干字段组成的，这些字段见表 2-2。

表 2-2 　　　　　　　　　　　比特币的区块头结构字段表

字段名	大小（单位：字节）	数据类型	描述
version	4	int32_t	版本号
previous_block_hash	32	char［32］	父区块的哈希值
merkle_root_hash	32	char［32］	区块收录的所有交易构成的 Merkle 树根的哈希值
Time	4	uint32	Unix 时间戳
nBits	4	uint32	挖矿难度值或目标值
Nonce	4	uint32	随机数

4）默克尔树

在区块头中有一个字段"merkle_root_hash"，默克尔树（Merkle Tree）树根的哈希值。这个哈希值实际上是对区块收录的所有交易进行哈希运算得到的值。

这里的默克尔树是计算机科学中一个使用非常广泛的数据结构。默克尔树的常见结构是一种哈希二叉树，由一组叶节点、一组中间节点和一个根节点构成，它具有树结构的全部特点。默克尔树是从下往上逐层计算的，树中每个中间节点是根据相邻的两个叶节点进行哈希运算得出的，最后根节点根据两个中间节点进行哈希运算得出。在默克尔树中，任意一个叶节点的哈希值被修改，则根节点的哈希值也会改变。

以比特币为例，比特币的默克尔树结构如图 2-6 所示。

Merkle Tree

Merkle Tree root

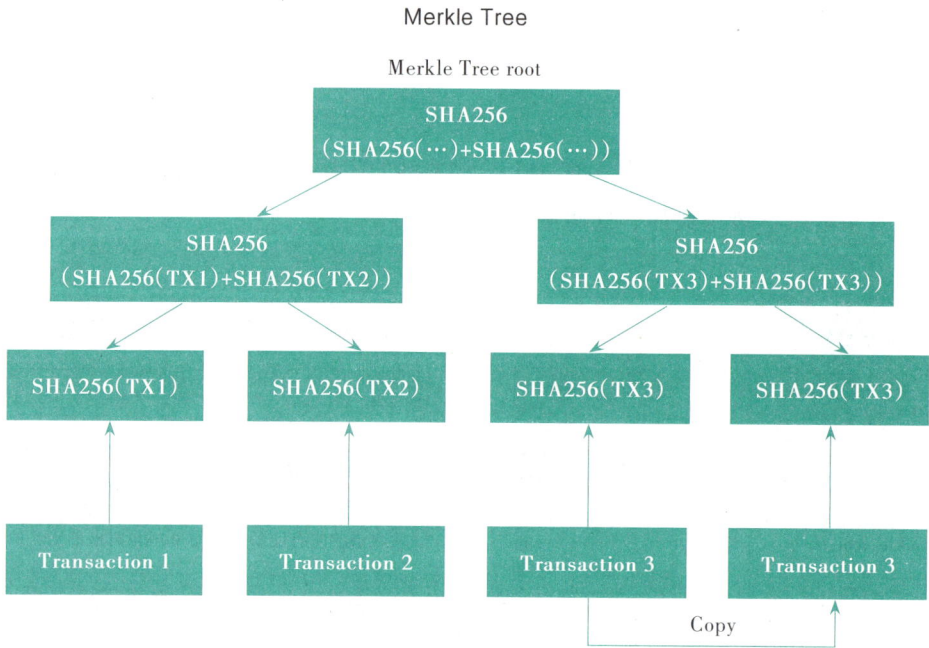

图2-6 比特币的默克尔树结构

值得注意的是，在图2-6中，Transaction 3在系统中出现了两次，这是因为在比特币中，默克尔树的叶节点要为偶数个，因此当交易数为奇数时，系统会将最后一个交易计算两次，所以我们看到Transaction 3出现了两次。

图2-6中最底下的Transaction 1、Transaction 2和Transaction 3是区块收录的交易数据。每一笔交易数据都会进行一次哈希运算，所算得的哈希值就是默克尔树的叶节点，即SHA256（TX1）、SHA256（TX2）和SHA256（TX3）。

叶节点上层的SHA256（SHA256（TX1）+ SHA256（TX2））和SHA256（SHA256（TX3）+ SHA256（TX3））是中间节点，位于最顶层的SHA256（SHA256（…）+ SHA256（…））是根节点，即默克尔树树根的哈希值。

在比特币区块链中，默克尔树被用来归纳一个区块中的所有交易，同时生成整个交易集合的哈希值，且提供一个校验区块是否存在某交易的高效途径。

生成一棵完整的默克尔树需要递归地对节点进行哈希运算，并将新生成的节点插入树中，直至运算到最后只剩一个节点，该节点就是默克尔树的树根。

当n个交易经过哈希运算插入默克尔树后，经过log（n）次检索就能检查出一笔交易是否在该树中，这使得默克尔树的检索效率非常高。

小思考 2-2

默克尔树是什么？在比特币区块链中，它的作用是什么？

5）交易相关的信息

在区块中有一个字段"交易"（transaction），它记录了区块收录的交易信息。"交易"字段又有两个子字段记录了更详细的和交易相关的信息："tx_in"字段记录了区块收录的所有交易输入数据；"tx_out"字段记录了区块产生的所有交易输出数据。

2.1.3　比特币的共识机制及"挖矿"

比特币作为无任何门槛可以随意加入的数字货币系统，在没有第三方管理和协调的情况下能够自我运作和维系，其根本原因就在于其共识机制能够激励节点参与系统运作并维护系统安全。

在一个分布式系统中，在没有协调者的情况下，系统中的所有节点都能按照某种机制达到统一状态，这种机制就是共识机制。区块链共识机制的目标是使所有的诚实节点保存一致的区块链状态，同时满足两个特性：

（1）一致性。所有诚实节点保存的区块链的前缀部分完全相同。

（2）有效性。由某诚实节点发布的信息终将被其他所有诚实节点记录在各自的区块链中。

比特币区块链采用一种被称为"工作量证明"（Proof of Work，PoW）的共识机制来判断哪个节点拥有产生区块（也称为打包区块）的权利。在比特币区块链中，所谓的工作量证明，是指每个区块在产生的过程中系统会给出一个随机数，系统中每一个节点都要根据规定的算法进行运算，第一个算出小于这个随机数的节点就获得区块的打包权，打包区块并得到奖励。当打包的区块被全网其他节点验证后，就证明这个节点做了大量的计算工作。

这个过程中的具体算法表述如下：

SHA256（SHA256 版本号 + 父区块哈希值 + Merkle 根哈希值 + 时间戳 + 挖矿难度 + 随机数 nNonce）＜系统给出的随机数

当比特币区块链中的某个节点通过上述算法第一个计算出小于系统给出的随

机数后，便将打包好的区块向全网广播，发送给所有的节点。其他节点一接收到这个区块，便立刻开始对这个区块进行验证。一旦该区块得到全网节点的验证，就会被正式加入到比特币的区块链结构中，而首先打包好这个区块的这个节点便会得到打包该区块应得的奖励。这时我们就说这个节点成功地"挖矿"了。这就是"挖矿"这一说法的由来，而运行节点参与"挖矿"的人或机构就被称为"矿工"。在比特币网络中节点越多，节点之间对"挖矿"的竞争就越激烈，每个节点能够成功打包区块的概率就越低。

不仅比特币如此，绝大多数基于公有区块链的数字货币系统（比如以太坊、莱特币等）都有"挖矿"的机制。"挖矿"是公有区块链网络对为维护系统作出贡献的节点的奖励方式，也是系统不断发展、吸引新节点加入的最有效方式。

2.1.4 比特币的"节点"和"矿机"的进化

我们在前面的章节中经常会提到了"节点"，实际上我们前面所说的"节点"是指"全节点"。"节点"和"全节点"是有较大区别的。两者最关键的区别在于是否有打包区块的能力。"全节点"有，而"节点"未必有。所谓全节点，就是区块链网络中运行客户端软件并且拥有完整区块链账本的节点。全节点的运行需要消耗大量内存、定期同步更新所有的区块链数据，并独立校验区块链上的所有交易。因此运行一个全节点需要昂贵的硬件设备和良好的网络环境。全节点主要负责区块链交易的广播、验证和区块的打包。更通俗地说，"全节点"就是能"挖矿"的节点。另外还有一些节点不在意是否能"挖矿"，只希望参与比特币区块链中的某些活动（比如交易的验证），这类节点就不是"全节点"，它们通常也被称为"轻节点"。

在比特币诞生的早期，由于了解比特币的人不多，因此运行比特币全节点的电脑非常少，所以那时"挖矿"的竞争一点儿也不激烈，一台普通的家用电脑运行全节点就可以比较容易地挖出比特币。但后来随着越来越多的人加入比特币的"挖矿"队伍，竞争开始越来越激烈，为了提高自己"挖矿"的成功率，大家纷纷上马计算能力更强的设备。业界更是出现了专门研发和生产特定用于比特币"挖矿"的设备，这类设备被称为"矿机"。在这股趋势的冲击下，很快普通电脑运行全节点就很难再成功"挖矿"了。比特币发展到现在，能够"挖矿"的电脑已经彻底被 ASIC 矿机所取代。ASIC 矿机是一种经过特别改造过的电脑，它的

CPU特别针对比特币的算法进行了定制和优化，其计算能力比普通的家用电脑强太多。

2.1.5　比特币的客户端

爱好者们想参与比特币的"挖矿"，仅有矿机还是不行，因为矿机只是硬件设备，要让硬件"活起来"还需要软件的配合。这个软件就是比特币的客户端，更严谨一些的说法是比特币的客户端软件。

通常情况下，比特币的客户端软件运行在一种被称为Linux的操作系统上。要运行这个客户端软件，矿机的内存需要至少2G，硬盘空间需要至少150G。

读者要注意的是：在我国，出于环保和对金融风险管控的考虑，比特币"挖矿"已被明令禁止。本小节内容仅为技术上的介绍和探讨。

2.2　以太坊基础

比特币是基于区块链技术诞生的第一个数字货币，被业内誉为"区块链1.0"的代表，而以太坊则在技术架构方面进行了重大的变革，从而极大丰富了区块链的功能和特点，被业内誉为"区块链2.0"的代表。

在这一节我们将介绍以太坊的一些基础知识，包括以太坊的一些关键术语和技术，对这些基本知识有了一定的了解后，我们就能对以太坊有一个比较完整的认识。

2.2.1　以太坊的基本概念

1）以太币

我们在前面简单介绍了以太坊，像比特币一样，以太坊区块链中为了奖励这个区块链中的"矿工"参与维护系统也发行自己的原生数字资产。这个数字资产就是以太币（Ether，简称ETH）。

以太币同样也不是能被触摸感知的实物，而是以数字形式存在的一种特殊数字资产，也被视为一种特殊的记账单位。

2）以太币的单位

以太币像比特币一样也有自己的单位，包括 ether、milliether（finney）、microether（szabo）、Gwei（shannon）、Mwei（lovelace）、Kwei（babbage）和 wei。wei 为以太币的最小单位。

它们之间的换算关系如下：

1 ether=10^{18}wei

1 milliether（finney）=10^{15}wei

1 microether（szabo）=10^{12}wei

1 Gwei（shannon）=10^{9}wei

1 Mwei（lovelace）=10^{6}wei

1 Kwei（babbage）=10^{3}wei

3）钱包

在前面的章节中，我们介绍过比特币的钱包。以太坊的钱包和比特币的钱包在功能上非常相似，是用来存储和转账以太坊的原生资产 ETH 及运行在以太坊上的各类通证（Token）的软件（注意：关于"通证"，我们会在后面的章节详细介绍，这里大家只需要知道它是一种数字资产的存在形式）。

每一个以太坊全节点客户端软件就是一个钱包软件，但运行一个全节点客户端太耗资源，操作起来也不方便，因此后来出现了大量功能简单、操作容易的轻钱包软件。今天大部分用户用来存放和交易以太坊上通证的钱包实际上就是这类轻钱包软件。

目前，比较流行的以太坊轻钱包软件有 MyEtherWallet、MetaMask、Parity、Jaxx、imToken……各种钱包软件尽管在界面和操作上稍有不同，但本质上都是一样的，用户可以根据自己的偏好选择钱包软件。

4）密码

在以太坊钱包软件中，我们通常会被要求输入一个密码，这个密码和我们在日常生活中登录网站时经常要使用的密码一样，是我们登录钱包软件需要的。

5）助记词

以太坊钱包的助记词和比特币钱包的助记词非常相似。相关内容可参见"2.1.1 比特币的基本概念"中关于助记词的介绍。

需要再次强调的是，用户在记录助记词时要注意使用环境的安全，避免助记词被盗取；同时，提醒用户要用笔和纸记录下助记词，存放在安全保密的地方。

6）私钥

以太坊钱包的私钥和比特币钱包的私钥非常相似。相关内容可参见"2.1.1 比特币的基本概念"中关于私钥的介绍。

同样，在以太坊钱包中，助记词可以生成私钥，一个助记词可以生成海量的私钥。

7）Keystore

"Keystore"是以太坊钱包相对于比特币钱包新产生的一个概念。因为私钥不利于记忆且在操作的过程中容易出错，因此以太坊有了 Keystore。Keystore 并不是私钥，而是将私钥以加密的方式保存的一份格式为"JSON"（JavaScript Object Notation）的文件。

8）密码、助记词、私钥和 Keystore 之间的关系

在以太坊钱包中，私钥和助记词都能够完全掌控钱包中的资产。那么助记词、私钥、密码和 Keystore 之间是什么关系呢？我们可以这么理解：助记词可以生成海量的私钥；Keystore + 密码等效于私钥。

9）公钥

以太坊钱包的公钥和比特币钱包的公钥非常相似，相关内容可参见"2.1.1 比特币的基本概念"中关于公钥的介绍。

10）地址

以太坊钱包中的地址记录以太坊的原生资产ETH以及以太坊支持的通证。它和比特币钱包地址的产生方式类似，但是具体的算法稍有不同。在比特币中，地址由

公钥再进行若干次计算得到；在以太坊中，地址由公钥直接取后20个字节得到。

11）私钥、公钥和地址之间的关系

以太坊的私钥、公钥和地址之间和比特币一样也有着严格的数学关系，通过一定的算法计算得出。这三者之间的关系如图2-7所示。

图2-7　以太坊的私钥、公钥和地址之间的关系

其计算过程与比特币地址的生成过程类似，具体如下：

第一步，随机生成一个32字节的私钥。

第二步，使用椭圆曲线算法ECDSA-secp256k1将私钥映射生成公钥。

第三步，使用Keccak-256算法对公钥进行哈希运算，得到32字节的压缩公钥。

第四步，将所得到的公钥取最后的20个字节作为账户地址。

12）账户

以太坊有外部账户（Externally Owned Accounts）和合约账户（Contract Accounts）两种账户。其数据结构如图2-8所示。

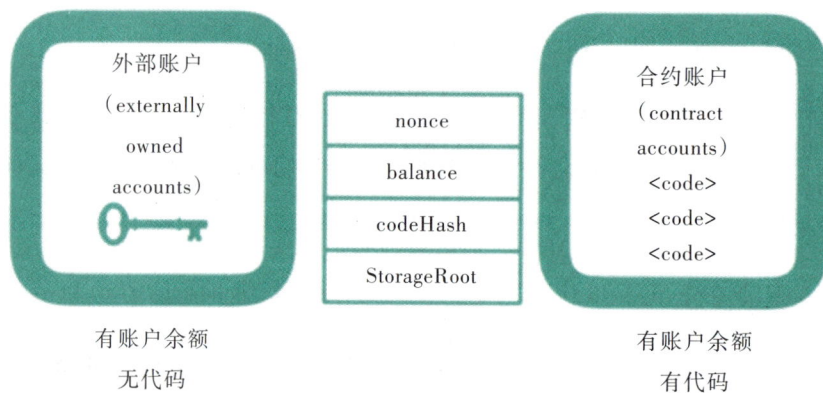

图2-8　以太坊的数据结构图

这两种账户都有四个字段，包括随机数、账户余额、codeHash（如果有的话）、存储（通常为空）。对外部账户而言，其"codeHash"字段为空；对合约账户而言，其"codeHash"字段非空，存储以太坊虚拟机代码的哈希值。这个字段

在生成后是不可修改的，这也意味着智能合约代码生成后是不可修改的。

外部账户可以主动发起交易，而合约账户不能主动发起交易。用户通常用来交易和存放以太币及以太坊所支持的通证的账户都是外部账户。

13）智能合约

"智能合约"（Smart Contract）是20世纪90年代加密学者Nick Szabo首次提出的，他对智能合约的定义为"一套以数字形式定义的承诺（Promise）及合约参与方可以在上面执行这些承诺的协议"。

智能合约的概念自提出以来，一直停留在学术界，直到以太坊出现后才真正由概念变为事实。智能合约的实现意味着合约要被写成计算系统可读的代码，合约规定的权利和义务将由计算系统执行，执行过程严格精准。

智能合约的构建通常由单个或多个用户共同参与，以某种智能合约语言编写。当智能合约编写完后，会被提交到计算系统。计算系统会定期检查智能合约的状态，并调用、执行满足条件的智能合约。

在以太坊中，智能合约通常用Solidity语言编写，在被称为以太坊虚拟机（Ethereum Virtual Machine）的系统中执行。智能合约的执行需要一定的触发条件。当触发条件满足时，以太坊虚拟机就会按照智能合约的每个条款进行判断和执行，同时会保存每一步执行后系统的状态和数据。

由于以太坊上的智能合约一般都是开源的，这意味着智能合约的内容公开、透明，再加上在以太坊上执行智能合约不可逆转，不受干扰，使得智能合约的使用将颠覆现有社会生活中方方面面的流程，并极大提升事务的处理效率。

14）以太坊虚拟机

以太坊虚拟机是以太坊上智能合约的运行环境，是以太坊的核心。在以太坊上，当一个智能合约被执行时，系统就会为这个智能合约启动一个以太坊虚拟机实例。在某种程度上，这个以太坊虚拟机实例像一个沙盒，保证智能合约在里面能够独立地运行。

以太坊虚拟机是基于堆栈的结构，因此所有的计算都是在堆栈中执行的。堆栈最大的深度为1 024个元素，每个元素256位。栈的访问限于顶端。

为了避免错误导致的一致性问题，以太坊虚拟机的指令集保留最小集合。所有的指令操作都基于256位的字长，包含常用的算术操作、位操作、逻辑操作等。

15）以太币的呈现

我们介绍了以太坊的一些基本概念，现在我们给大家展示一下，一个真实的以太坊钱包中以太币是如何呈现的。

在图2-9中，最上面框出的"Account 2"是指现在呈现的是这个钱包中的第二个账户（地址）。"余额"显示的是这个账户中以太币（ETH）的余额4.2799个ETH。下面框出的为最近发生的两笔交易。

图2-9　以太币及交易的呈现形式

　　图2-10显示了这个以太坊钱包中的三个地址，每个地址都有以太币的余额（由于涉及个人隐私，因此 Account 1 和 Account 3 的余额被屏蔽）。Account 2 左边打了一个"√"号，这表明钱包当前展示的账户信息为第二个账户的信息。

图2-10　以太币的地址

2.2.2　以太坊的区块链结构

以太坊的区块链结构比比特币复杂。在以太坊中，有一个被称为 BlockChain 的结构体用来管理整个区块链。在以太坊的客户端软件中，只有一个 BlockChain 对象存在。BlockChain 内部还有一个成员变量类型 HeaderChain，用来管理所有区块头（Header）组成的单向链表。HeaderChain 在全局范围内也仅有一个对象，并被 BlockChain 持有。

1）以太坊的区块链结构图

以太坊的区块链结构和比特币比较相似，整个区块链由自创世纪区块（Genesis Block）开始无限延伸下去、前后相连的区块组成。它的结构图如图 2-11 所示。

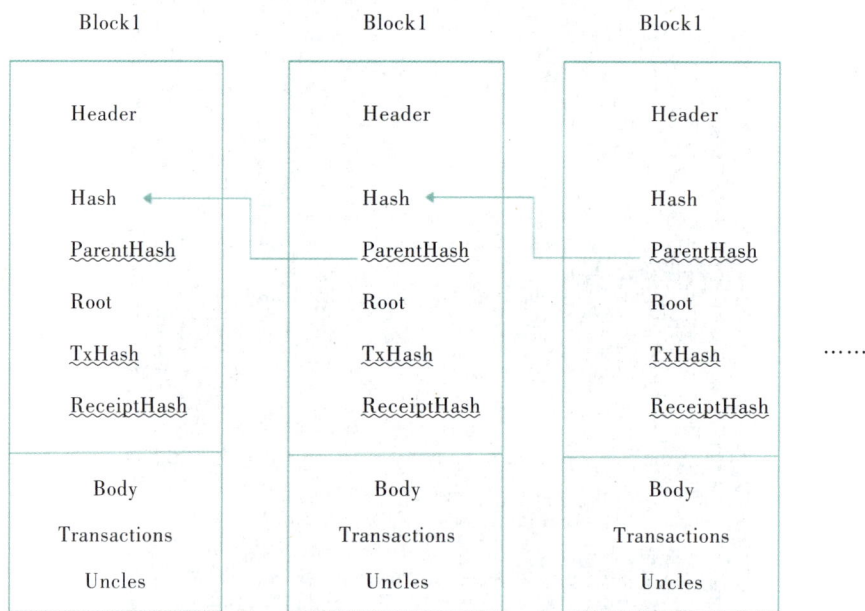

图2-11　以太坊的区块链结构

图 2-11 所示的这个区块链由 BlockChain 结构定义，我们就从 BlockChain 这个结构开始介绍。

2）区块链结构

BlockChain由若干字段组成，其中一些关键的字段信息见表2-3。

表2-3   以太坊的区块链结构字段表

字段	数据类型	描述
chainConfig	*params.ChainConfig	区块链及网络的设置
cacheConfig	*CacheConfig	设置数据的缓存
db	ethdb.Database	永久存储数据的数据库
hc	*HeaderChain	指向由区块头组成的单向链表的指针
genesisBlock	*types.Block	指向创世区块的指针
engine	consensus.Engine	处理以太坊共识机制的引擎
Processor	Processor	区块的处理者
validator	Validator	区块和状态的验证者

3）区块头链表结构

在BlockChain结构中有一个字段HeaderChain，是由所有区块的区块头所组成的单项链表组成的，其部分关键字段见表2-4。

表2-4   以太坊的区块头链表结构字段表

字段	数据类型	描述
chainDb	ethdb.Database	永久存储数据的数据库
genesisHeader	*types.Header	指向创世区块区块头的指针
engine	consensus.Engine	处理以太坊共识机制的引擎

4）以太坊的区块结构

以太坊区块链中所有区块的结构都是一模一样的。每一个区块都由若干字段组成，其中的部分关键字段见表2-5。

表2-5 以太坊的区块结构字段表

字段	数据类型	描述
header	*Header	指向区块头的指针
uncles	〔〕*Header	指向叔块的指针
transactions	Transactions	区块所收录的所有交易数据
td	*big.Int	指向存储所有挖矿难度数据块的指针

5）以太坊的区块头结构

以太坊的区块结构中有一个Header字段，它是区块的区块头，其中的部分关键字段见表2-6。

表2-6 以太坊的区块头结构字段表

字段	数据类型	描述
UncleHash	common.Hash	叔块的哈希值
Coinbase	common.Address	Coinbase 地址
Root	common.Hash	状态树树根的哈希值
TxHash	common.Hash	交易树树根的哈希值
ReceiptHash	common.Hash	收据树树根的哈希值
Difficulty	*big.Int	指向挖矿难度的指针
GasLimit	uint64	Gas 上限
GasUsed	uint64	交易消耗的 Gas
Time	*big.Int	时间戳
Nonce	BlockNonce	随机数

6）默克尔-帕特里夏树

以太坊是基于账户的分布式账本，相较比特币，以太坊设计得更加复杂。在比特币中，对交易的处理使用了默克尔树；而在以太坊中，用了另外一种数据结构：默克尔-帕特里夏树（Merkle-Patricia Tree，MPT）。

MPT树中的节点包括空节点、叶节点、扩展节点和分支节点。

空节点，表示空，在代码中是一个空串。

叶（Leaf）节点，表示为〔key，value〕的一个键值对，其中key是一种特殊的16进制编码，value是RLP编码。

扩展（Extension）节点，也是［key，value］的一个键值对，这里的value是其他节点的哈希值。

分支（Branch）节点，是一个长度为17的列表（List）。因为MPT树中的key被编码成一种特殊的16进制的表示，再加上最后的value，所以分支节点是一个长度为17的List。前16个元素对应着key中的16个可能的16进制字符。如果有一个［key，value］对在这个分支节点终止，最后一个元素代表一个值，即分支节点既可以是搜索路径的终止，也可以是路径的中间节点。

MPT树中另一个重要的概念是16进制前缀（Hex-prefix，HP）编码，用来对key进行编码。因为有两种［key，value］节点（叶节点和扩展节点），所以有必要引进一种特殊的终止符标记，用来标识key所对应的是真实的值还是其他节点的哈希值。如果终止符标记被打开，那么key所对应的就是叶节点，对应的值是真实的value；如果终止符标记被关闭，那么key所对应的就是其他节点的哈希值。

一个典型的MPT树如图2-12所示，这幅图为以太坊官方的示例图。

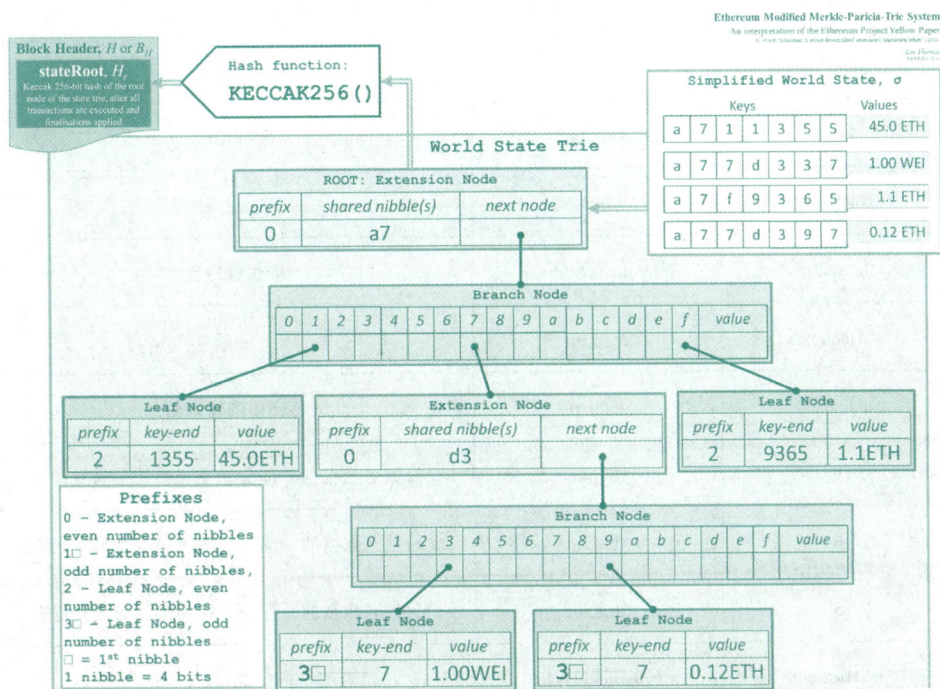

图2-12　以太坊的一个典型MPT树

7）交易

在区块中有一个字段"transactions"，它记录了区块收录的所有交易数据，所包含的部分关键字段见表2-7。

表2-7 以太坊的交易结构字段表

字段	数据类型	描述
data	txdata	收录的所有交易数据
hash	atomic.Value	哈希值

8）交易数据

在transaction中有一个字段"txdata"，它记录了收录的所有交易数据，所包含的部分关键字段见表2-8。

表2-8 以太坊的交易数据结构字段表

字段	数据类型	描述
AccountNonce	uint64	账户随机数
Price	*big.Int	交易费用
GasLimit	uint64	Gas上限
Recipient	*common.Address	接收者地址
Amount	*big.Int	金额
Payload	［］byte	消息调用的输入信息
V	*big.Int	交易签名数据的一部分，用于确认交易发送者
R	*big.Int	交易签名数据的一部分，用于确认交易发送者
S	*big.Int	交易签名数据的一部分，用于确认交易发送者
Hash	*common.Hash	哈希值，产生JSON文件时所需

2.2.3　以太坊的共识机制及挖矿

在2022年9月以前，以太坊的共识机制和比特币的共识机制非常类似，都是基于"工作量的证明"（Proof of Work，PoW）的共识机制，而在此之后以太坊的共识机制转为"权益证明"（Proof of Stake，PoS）。关于共识机制的详细定义，可参看"2.1.3比特币的共识机制及挖矿"。

2.2.4　以太坊的通证及通证标准

由于以太坊支持智能合约功能，因此在以太坊上线后，全球的区块链爱好者在以太坊上开发了大量的应用程序。在这些应用程序中有相当一部分是定义各种数字资产的。这些数字资产通常被称为Token。

对"Token"这个单词，在国内最早由元道和孟岩两位翻译为"通证"。在区块链中，通证可以广泛地承载价值、代表权益。在很多情况下，一个通证甚至不仅仅具有一种属性，它还可以具有多种完全不同的属性。比如一个通证既可以代表某种数字资产，也可以表征某种权力。

那么通证在区块链生态中到底扮演什么角色呢？一般来说，它可以扮演下列角色：

（1）通证可以是通向区块链应用的门户，用户需要凭通证才能使用区块链应用提供的服务或产品。

（2）通证可以代表其持有者享受的某种特殊权益，例如对某些事务决策的投票权。

（3）某些项目赋予其项目通证持有者特殊的用户体验。比如Brave浏览器发行了自己的项目通证BAT。持有这个通证的用户在浏览网页时会享受某些特殊的权益，获得更佳的用户体验。

（4）在区块链生态中，通证在某些情况下还可以被视为价值存储，用作交易媒介，是发展区块链经济生态的重要组成部分。

（5）通证可用于表示物品的所有权，尤其在区块链生态中，它可以被用来表示虚拟资产的所有权。

由于通证具备广泛的应用场景，因此为了便于开发者开发应用程序，也为了便于用户使用应用程序，以太坊社区在以太坊核心团队的带领下制定了一系列的通证标准。这些通证标准大体上根据通证本身是否可互换、是否具备唯一性，被分为同质化通证标准和非同质化通证标准。

同质化通证标准典型的有ERC-20标准，非同质化通证标准典型的有ERC-721标准。

通证标准的制定和使用极大地促进了以太坊生态的完善，是以太坊技术的核心之一。关于通证的详细介绍将在本书的后续章节中展开。

2.2.5 以太坊的"节点"和"矿机"

和比特币类似，以太坊的节点也分"全节点"和"轻节点"。关于节点的概念，可以参见"2.1.4 比特币的'节点'和'矿机'的进化"。

以太坊的矿机和比特币稍有不同。由于以太坊诞生得比较晚，以太坊的创始人Vitalik Buterin一路见证了比特币挖矿从普通人都可以参与到慢慢变成少数人的游戏，与他的理念不合，因此他不希望以太坊挖矿重蹈比特币挖矿的覆辙，于是对以太坊挖矿的算法进行了特别的设计，使得ASIC矿机在参与以太坊挖矿时不会有太大的优势。正是由于这个特殊的设计，以太坊挖矿在相当长一段时间内避免了被ASIC矿机垄断的局面。普通爱好者通过购买显卡搭配电脑就能参与以太坊的挖矿。Vitalik Buterin对以太坊的挖矿还做了更长远的规划：在规划中，未来的以太坊2.0上线后，一台普通的嵌入式设备（比如基于ARM的树莓派）甚至都可以参与以太坊2.0的挖矿。

2.2.6 以太坊的客户端

和比特币类似，要参与以太坊的挖矿，也需要运行以太坊的客户端软件。以太坊的客户端软件有多个版本，主要包括：

（1）以太坊基金会主持开发的用Go语言编写的go-ethereum。

（2）以太坊基金会主持开发的用C++语言编写的cpp-ethereum。

（3）以太坊基金会主持开发的用Python语言编写的pyethapp。

（4）Parity Technologies主持开发的用Rust语言编写的Parity。

目前在以太坊系统中运行最多的是go-ethereum和Parity这两种客户端。

读者要注意的是：在我国，出于环保和对金融风险管控的考虑，以太坊挖矿已被明令禁止。本章关于挖矿的内容仅为技术上的介绍和探讨。

2.3　超级账本（Hyperledger）简介

超级账本（Hyperledger）是一个全球跨行业领导者的商业区块链技术合作项目，由 Linux 基金会主管，在 2015 年 12 月主导发起，其领导者囊括了金融、银行、物联网、供应链、制造和技术领域的佼佼者。

2015 年 12 月，Linux 基金会宣布了 Hyperledger 项目的启动。项目的目标是区块链及分布式记账系统的跨行业发展与协作，并着重发展性能和可靠性（相对于类似的数字货币的设计），使之可以支持主要的技术、金融和供应链公司中的全球商业交易。

Hyperledger 现在包括 Hyperledger Burrow、Hyperledger Fabric、Hyperledger Iroha 和 Hyperledger Sawtooth 四种平台。

（1）Hyperledger Burrow 是一个包含了 "built-to-specification" 的以太坊虚拟机区块链客户端，主要由 Monax 贡献，并由 Monax 和英特尔赞助。该项目于 2015 年启动，原始的名字叫 Eris-DB。

它主要的模块有如下几个：

共识引擎：负责维护节点之间应用程序引擎的事务排序以及网络堆栈。

应用程序区块链接口（"ABCI"）：为共识引擎和智能合约引擎提供用于连接的接口规范。

智能合约引擎：为应用程序开发者提供了一个强大的智能合约执行引擎，可用于复杂的工业应用。

网关：为系统集成和用户界面提供编程接口。

（2）Hyperledger Fabric 是一个许可的区块链构架（permissioned blockchain infrastructure）。它是由 IBM 和 Digital Asset 最初贡献给 Hyperledger 项目的。它提供了一个模块化的构架，把架构中的节点、智能合约的执行以及可配置的共识和成员服务模块化。一个 Fabric 网络包含对等节点（peer nodes）执行智能合约、访问账本数据、背书交易等。系统中的排序节点（orderer nodes）负责确保此区块链的一致性，并传达被背书的交易给网络中的对等节点。系统中的成员服务提供者（Member Service Provider，MSP）主要作为证书授权机构（Certificate Authority）管理X.509证书，用于验证成员身份以及角色。

在 Hyperledger Fabric 中，智能合约被称为链码（chaincode）。一个链码是一个程序，它使用 Go 语言编写，在 Java 等其他编程语言中实现了指定的接口。链码运行在一个独立出来的安全的 Docker 容器中。链码通过应用程序提交的事务初始化和管理账本状态。

（3）Hyperledger Iroha 是一个基于 Hyperledger Fabric 主要面向移动应用的协议，由 Soramitsu 贡献。它是一个开源的分布式账本，由开源社区支持。Hyperledger Iroha 用 C++开发，专注于为任何规模的企业提供金融应用、数字资产管理和数字身份使用案例。

Hyperledger Iroha 具有以下几个特点：

易学：Hyperledger Iroha 对涉及资产转移或账户管理的用例尽量以最少的开发工作完成，让用户可以便利地执行关键金融交易或检索区块链上的信息。

采用 BFT 共识（Byzantine Fault Tolerant Consensus）算法：Hyperledger Iroha 使用 Yet Another Consensus（YAC）算法，这是一种完全兼容 BFT 共识的算法，用于打包交易并在区块链中形成共识。YAC 的一个特点是没有主节点，因此在区块链上进行投票时速度很快。

支持 Multi-signature（多重签名）账户和 API：Hyperledger Iroha 整体设计允许使用多重签名账户自定义验证逻辑和 API，并能结合更高级别的应用程序逻辑。这个方法允许用户构建自定义的应用程序逻辑。

系统有较好的安全性，使用了改进的加密技术：Hyperledger Iroha 使用 Ed25519 签名算法和修改后的 SHA3 哈希算法验证用户的所有操作。该算法在 Hyperledger 存储库中速度快、独立且公开。

系统灵活易部署：用户可以在 Linux 或 Mac OS 上部署 Hyperledger Iroha 支持的应用程序，其支持的硬件包括 X86 和 ARM 架构的设备。

此外，Hyperledger Iroha 还可以支持任何与区块链相关的用例。它的创始人之一 Soramitsu 正在使用该平台进行金融用例的探索和实践，包括：银行间结算，记录保存，交换和安全存储，身份和个人数据管理。

（4）Hyperledger Sawtooth 是由 Intel 贡献的技术平台。它采用一种被称为时间流逝证明（"Proof of Elapsed Time"）的新型共识机制。这种共识机制基于可信执行环境，由英特尔的 Software Guard Extensions（SGX）提供。

Hyperledger Sawtooth 是可扩展、模块化的，它既支持许可也支持无许可的基础架构。平台有可插入式共识模型，将核心分类账系统与特定于应用程序的生态系统隔离开来。因此，它简化了应用程序的开发，同时保持了系统的安全性。

开发人员可以使用 Hyperledger Sawtooth 的模块化体系结构，用他们喜欢的任何编程语言来开发应用程序。应用程序可以自定义共识机制，选择交易规则并选择所需的许可权，以此来确定满足企业需求的策略中的数字账本的工作方式。

Hyperledger Sawtooth 具有极高的可扩展性，可以提供高数据事务吞吐量。因此，它是处理生产供应链事务的绝佳选择。

2.4 挖矿

2.4.1 挖矿的原理及流程

我们在前面的章节中简单介绍过比特币和以太坊的挖矿。挖矿并不是比特币和以太坊专有的活动，实际上在目前绝大多数基于公有区块链的数字货币系统中，挖矿都是存在的。在公有区块链中，系统是开放、无许可的，这意味着带有任何企图的节点都可以自由加入，因此在这样的系统中维护系统的安全，保持系统的正常运作必须依靠系统中"诚实"节点的付出。这种付出不可能是义务的，系统必须对这种付出给予回报，因此挖矿就很有必要。

在目前绝大多数数字货币公有区块链中，挖矿都遵循下列步骤：

（1）每隔一段时间，系统中某个节点在共识机制的作用下抢得打包区块的权利，将这段时间内的交易打包进一个区块并把该区块通过广播扩散的形式发给区块链中所有的节点。

（2）每个节点接收到这个区块后，都会根据自己本地存储的交易信息和账户信息对区块中的交易及区块进行验证。

（3）当全网节点都验证并认可这个区块后，这个区块就被加入系统的区块链中。

（4）区块链网络会给这个打包区块的节点一定数字货币的奖励。这种奖励一方面是对节点作出贡献的激励和回报，另一方面也是区块链网络发行数字货币的方式。

（5）尽管不同的区块链有不同的共识机制，但无论采用哪种共识机制，最终系统中在某一时刻只有一个节点会得到成功打包区块的奖励。

以上就是挖矿的基本流程。

2.4.2 挖矿难度

挖矿难度（mining difficulty），又称"区块难度"（block difficulty），它是用来衡量成功打包一个区块平均所需的运算次数的指标。挖矿难度通常用于基于工作量证明的挖矿中。挖矿难度反映了在一定难度下，一个区块链中的节点平均用多长时间才能成功打包一个区块，是衡量矿工挖矿的难易程度的重要参考指标。

在比特币区块链中，用"算力（hashrate）"来衡量挖矿难度。"算力"是指矿机每秒产生哈希（hash）碰撞的能力，也就是每秒的哈希数 H/s。算力的单位转换关系如下：

1EH/s = 1 000PH/s

1PH/s = 1 000TH/s

1TH/s = 1 000GH/s

1GH/s = 1 000MH/s

1MH/s = 1 000KH/s

1KH/s = 1 000H/s

由于比特币现在已经被广泛认可，具有商业价值，因此吸引了矿工参与比特币挖矿。当比特币价格高涨时，加入挖矿的矿工增多，比特币全网的算力就会升高；当比特币价格低迷时，无利可图退出挖矿的矿工增多，比特币全网的算力就会降低。比特币区块链为了维持挖矿速度的稳定会根据全网算力的高低适时调整挖矿难度，以保证节点约每10分钟产出一个新的区块。

2.4.3 矿池

矿池是随比特币挖矿活动的竞争越来越激烈而产生的一种新兴事物。当比特币挖矿竞争越来越激烈时，比特币全网的算力会不断上涨，逐渐导致单个挖矿设备或少量算力已经难以获得挖矿奖励。在这种状况下，一些极客们开发出一种可以将零散算力聚合起来联合挖矿的技术，运用这种技术聚合零散算力的系统便被称为"矿池（mining pool）"。

当零散算力加入到矿池后，矿池会将挖到的总比特币根据该算力在矿池总算力中的占比对其分配比特币奖励。

矿池对挖矿收益的分配方式主要有PPLNS、PPS、PROP三种。

（1）PPLNS全称为Pay Per Last N Shares。在这种分配方式下，所有的矿工中一旦有哪个矿工成功打包区块，大家便根据各矿工在最近一轮结算窗口中贡献的算力占比来分配此区块包含的挖矿奖励。

（2）PPS全称为Pay Per Share。在这种分配方式下，矿池中只要有余额便立即按照各矿工贡献的算力占比来分配该金额而不用等到矿池挖矿成功再分配奖励。

（3）PROP全称为Proportional。在这种分配方式下，即便矿池中有矿工成功打包区块，也要等待该区块真正被确认后，才能根据各人贡献的算力占比来分配此区块包含的挖矿奖励。

根据矿池算力实时排行榜网站（https：//btc.com/stats/pool）的数据，截至目前，全球算力排名前五的比特币矿池是：Foundry USA、AntPool、F2Pool、Binance Pool、ViaBTC。

2.4.4　挖矿存在的问题

目前主流的挖矿方式有基于工作量证明（PoW）的挖矿、基于权益证明（PoS）的挖矿和基于代理权益证明（DPoS）的挖矿等，目前使用最广泛、最普及的仍然是基于工作量证明的挖矿。

基于工作量证明的挖矿存在下面这些问题：

（1）矿业中心化。以比特币挖矿为例，经过商业利益的驱动和市场的淘汰，矿业逐步被少数人控制，决策权基本落入矿工手中。典型案例便是比特大陆一家垄断了全球将近7成的矿机生产，其参股及控股的挖矿算力接近全球的50%。

（2）能耗大。我们仍然以比特币为例，在比特币挖矿中，矿机的运作需要消耗大量的电力，而这些电力消耗所作的运算没有太大意义。

正因为如此，业界在比特币之后作了大量的探索，发明了各种新型的共识机制，以期取代和逐渐淘汰比特币所使用的基于工作量证明的挖矿方式。

2.5 分叉

在数字货币中有一个名词叫"分叉"。就像树木在生长过程中出现新的分支一样，数字货币在发展的过程中也有可能由于种种原因在原来的体系中另外分出一支，成长为一个新的数字货币。这个新的数字货币和原来的数字货币都源于同一份代码，看起来就像树木"分叉"一样。

为什么数字货币会分叉？其根本原因是数字货币的开发其源代码是开源的，其开发过程是自由的，因此任何人、任何团队都可以在原数字货币代码的基础上进行改进，发展出一个新的数字货币。

数字货币的分叉有两种：硬分叉和软分叉。

2.5.1 硬分叉

硬分叉是指数字货币新发布的客户端软件版本与原有版本相比，数据格式、参数、算法等发生了改变，这种改变导致仍然运行原有客户端软件版本的节点无法或拒绝验证运行新版本的节点所产生的区块。

这时新版本和原有版本的客户端已经无法兼容，运行不同版本的节点只能验证各自产生的区块，原有的数字货币自此分裂为两种，原有的区块链也分裂为两条链。

硬分叉有如下特点：

（1）没有向前兼容性，即硬分叉之后产生的新版本无法兼容原有版本。

（2）原有数字货币的区块链分裂为两条链：一条为原链；另一条为分叉后产生的新链。

（3）分叉会在某个时刻（一般为某个区块高度）发生，在该时刻（该区块高度）后，原有的区块链裂变为两条链，原来的数字货币分裂为两种数字货币。

当硬分叉发生后，没有升级到新版本的节点仍然属于原有的区块链，升级到新版本的节点则属于分叉后新产生的区块链。

比特币现金（BCH）就是从比特币硬分叉出来的数字货币。

2.5.2　软分叉

与硬分叉不同，软分叉是指数字货币新发布的客户端软件版本与原有版本相比，数据格式、参数、算法等发生了改变，但这种改变不影响运行原有客户端软件版本的节点验证运行新版本的节点所产生的区块。

软分叉有如下特点：

（1）有向前兼容性，即分叉之后产生的新版本仍然兼容原有版本。

（2）区块链仍然只有一条，只是组成区块链的区块由于格式或数据的细微差别有新区块和旧区块之分。

在软分叉发生后，数字货币仍然只有一种，没有产生新的数字货币。

2.6　热钱包和冷钱包

在前面的章节中，我们介绍了比特币和以太坊常用的钱包。这些钱包往往被统称为"热钱包"。简单地说，"热钱包"就是直接连接到互联网上的钱包。因为直接连接到互联网上，所以这类钱包在运行时，有可能遭到互联网上黑客的攻击而导致密钥被盗，存在安全隐患。

与"热钱包"相对的是"冷钱包"。冷钱包就是断绝与互联网连接的钱包，又称"离线钱包"。是否与互联网相连是区分"热钱包"和"冷钱包"的关键。

由于"热钱包"存在安全隐患，因此一些科技公司研发出了在断网情况下仍然可以存放和转账数字货币的钱包方案。这类方案一般都运行在一个嵌入式硬件设备上，在离线状态下使用私钥，因此大大提高了钱包的安全性，保障了数字资产的安全。

2.7　区块链浏览器

区块链浏览器是一种区块链信息搜索和查询工具，用户在区块链浏览器中输入区块及与交易相关的关键字可以查到区块及交易的详细信息。

以以太坊区块链浏览器为例，我们在以太坊浏览器中输入某钱包地址可以查询到此钱包地址的余额，输入一笔交易的ID可以查到这笔交易的详细信息。我们还可以输入某区块的高度，以哈希值搜索这个区块的所有内容。

在以太坊中常用的浏览器有etherscan.io和etherchain.org等。

我们打开etherscan.io浏览器，然后在右上角空格中输入关键字就可以搜索，如图2-13所示。

图2-13　区块链浏览器

2.8　侧链

现有的数字货币中不少都在区块链性能方面有较大的限制。比如，比特币每秒所能处理的交易只有 10 笔左右，以太坊每秒所能处理的交易为 10~20 笔。这样的交易性能极大地限制了这些公链处理交易的能力并限制了它们的用途和使用场景。

业内很早就有团队关注到了这个现象，研究如何提高这些区块链网络的交易处理性能，并进行了大胆的探索，提出了各种方案。其中一类方案是在原有区块链的基础上附加一条区块链，以拓展原有区块链的性能。在这种方案中，原来的区块链被称为主链，附加的区块链被称为侧链。

我们可以把侧链看作一种协议。它可以让数字资产安全地从主链转移到侧链，又可以安全地从侧链返回主链。

侧链与主链的通信方式被称为"双向锚定"，即在主链和侧链的通信中一方要以另一方的行动为标准。

我们以比特币为例，如果比特币有一条侧链和它锚定，则比特币和这条侧链的通信方式是这样的：

在比特币区块链中，比特币只能在比特币区块链内转移，而不能转移到其他区块链上，但比特币可以被锁定在比特币区块链内。因此，我们可以在比特币区块链内锁定一定量的比特币，然后将与锁定比特币等值的侧链通证（Token）在侧链上释放流通。这就相当于比特币从比特币区块链"转移"到侧链上去了。

当我们想把侧链上的"比特币"转回比特币区块链时，我们只要把侧链上流通的等值的侧链通证锁定，然后原先锁定在比特币区块链上的比特币就可以被释放了。这就相当于比特币从侧链又"回到"了主链。

因此"双向锚定"的过程实际上就是一方锁定，另一方解锁的过程，解锁方是否解锁，要以锁定方是否锁定为标准。

在这个过程中，有个很大的挑战，就是对锁定数字资产的监管，这也是侧链技术要解决的核心问题。目前对锁定资产的监管有两种模式，即单一托管人模式和联盟托管模式。

（1）单一托管人模式。这种模式是由一个可信的第三方机构来锁定、监管主链和侧链的资产。第三方机构既可以手动操作，也可以使用软件系统来操作。单一托管人模式的架构图如图 2-14 所示。

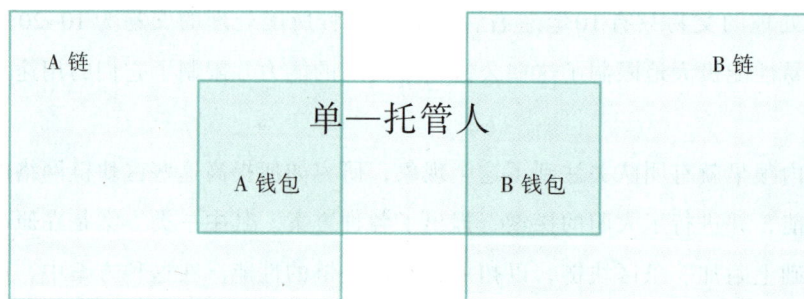

图2-14　单一托管人模式的架构图

单一托管人模式在执行效率上比较高，但是存在单点风险。如果此托管人发生故障则双方的资产就存在风险。因此，出现了联盟托管模式。

（2）联盟托管模式。这种模式的架构图和单一托管人模式非常类似，只不过托管机构由单一的第三方机构变为多个机构组成的联盟，由联盟进行决策。相对于单一托管人模式存在的单点风险，联盟托管模式则大大降低了这种风险，让托管方式更加去中心化。在这种模式中，托管方由多个组织构成，每个组织都有投票权，只有当总票数达到一定门槛时，资产的锁定和解锁才能被确认。

目前比较知名的侧链项目是比特币的"闪电网络（Lightning Network）"。

2.9　跨链

跨链技术也是一种拓展区块链性能的技术，涉及数字资产在两个不同区块链之间的流通，但是与侧链技术不同的是，在侧链技术中有主链和侧链，而在跨链技术中，两个区块链的地位是对等的。

跨链技术和侧链技术一样要解决资产的锁定和释放。侧链中用到的技术和模式也可以用到跨链中，但是由于跨链技术出现得较晚，并且在跨链技术出现时，已经诞生了大量支持智能合约的数字货币，因此跨链技术大量地用到了智能合约对资产的锁定功能。

同样以比特币为例，如果在比特币和以太坊之间建立一条跨链系统，则如图2-15所示。

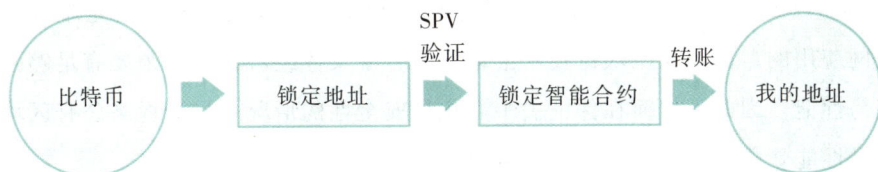

图2-15 在比特币和以太坊之间建立的一条跨链系统

这个跨链过程是：当我们把一定量比特币发到锁定地址锁定时，同时会把这笔交易的"简单支付证明（SPV）"发送到以太坊的一个智能合约地址上。以太坊上这个智能合约收到信息后会自动验证这笔交易的有效性，一旦验证通过，则自动在以太坊区块链上释放等值的以太币。当我们把等值的以太币发回给以太坊上的这个智能合约后，智能合约会验证我们的交易，然后向比特币区块链出具一份证明，证明等值的以太币已经被锁定，这时比特币区块链就能释放锁定的比特币。

在这个过程中，智能合约自动对交易进行验证和执行，使得整个过程无论在效率还是在安全性上都获得了极大提高。

知名的跨链技术项目有 COSMOS 和 POLKADOT。

COSMOS 是 Interchain Foundation 的跨链开源项目。COSMOS 是专注于解决跨链资产转移的区块链网络，其核心开发团队也是 COSMOS 所采用的 Tendermint 共识引擎的发明者。Tendermint 是一个类似实用拜占庭容错共识引擎，具有高性能、一致性等特点。

POLKADOT 是以太坊联合创始人 Gavin Wood 博士发起创立的，它通过中继链技术让数字资产在不同区块链之间流动。

小思考 2-3

跨链和侧链的区别有哪些？

2.10 "第二层扩展"技术

当前的公有区块链普遍存在这样一个状况：为了保证区块链的去中心化和安全性，区块链的性能受到了较大的限制。比特币每秒所能处理的交易大概在 10

笔以内，以太坊每秒所能处理的交易在 10～20 笔，这样的交易性能是难以比肩互联网应用的。而要让区块链技术落地，服务于实体经济，则必须要有足够强大的交易性能。因此，如何在保证去中心化和安全性的情况下尽量提高公有区块链的交易性能就是业界重点研究的领域之一。

对此，业界提出的一类方案就是"第二层扩展"技术。所谓第二层扩展，就是尽量将琐碎、高频的交易从原本的区块链主链移到主链之外的系统进行处理，这样就能极大分担主链的任务，让主链尽量处理关键的业务。当主链之外的系统在处理的过程中出现各种纠纷或错误时，这些纠纷和错误将被提交回主链进行判定和裁决。

目前生态规模最大的公有区块链是以太坊，因此围绕以太坊衍生的第二层扩展技术就是当下的热点和重点。

目前围绕以太坊诞生的第二层扩展技术包括状态通道、Optimistic Rollup、ZK Rollup 等。其中尤其以 Optimistic Rollup、ZK Rollup 最受关注，并且已经取得显著成效和进展。

问题与思考

1. 什么是 UTXO？

2. 一个比特币地址中总共有 2 笔 UTXO，分别是余额为 1.8 个比特币的 UTXO、余额为 2 个比特币的 UTXO，则该地址的比特币余额为多少？若此时此地址使用余额为 2 个比特币的 UTXO 向另一地址转账了 1.9 个比特币，交易成功后此地址中还剩多少个 UTXO？

3. 比特币系统的区块链是什么？

4. 比特币的共识机制是什么？

5. 以太坊的账户有几种？分别是什么？

6. 什么是智能合约？

7. 以太坊的共识机制是什么？

8. 什么是超级账本？

9. 数字货币"挖矿"的一般流程是什么？

10. 通常被诟病的"挖矿"方式是基于什么共识机制的？

11. 数字货币中的"分叉"是什么意思？

12. 区分热钱包和冷钱包的关键是什么？

13. 什么是侧链？

14. 什么是第二层扩展技术？

第三章

密码学基础

学习目标

（1）了解密码学的发展简史；

（2）理解非对称加密、哈希算法和数字签名的基本概念。

思政目标

区块链的开放性可以确保思想政治教育利用数据处理进行价值传播，在数据发送者、数据接收者、数据存储系统之间把数据通过编码变换成携带思想政治教育立场、内容、价值的符号，通过相应的语法、算法规则将其转化为最佳符号序列，实现对区块链已有信息的价值排序，进一步优化和创新价值互联网。

密码学是区块链技术的基石之一，也是区块链技术的核心。本章我们将简单介绍密码学的发展及区块链技术中常用的密码学技术。

3.1 密码学发展简史

密码的应用最早可以追溯至公元前400年，密码学的发展大致可分为三个阶段：1949年之前的古典密码学阶段；1949年至1975年密码学成为科学的分支；1976年以后非对称密钥密码算法得到进一步发展，产生了密码学的新方向——公钥密码学。

3.1.1 古典密码学

古典密码学的历史可以追溯到公元前400年，斯巴达人发明了"塞塔式密码"，即把纸条以螺旋形式斜绕在一根多棱棒上，将文字沿棒的水平方向从左到右书写，写一个字旋转一下，写完一行再另起一行从左向右写，直到写完。把纸条从多棱棒上解下来后，上面的信息杂乱无章、无法理解，这就是密文，但将它绕在另一根同等尺寸的多棱棒上后，就能看到原始信息。这是最早的密码技术。

我国古代也早有以藏头诗、藏尾诗、漏格诗及绘画等形式将要表达的真正意思或"密语"隐藏在诗文或画卷中特定位置的记载，一般人只注意诗或画的表面意境，而不会去注意或很难发现隐藏其中的"话外之音"。

这一时期的密码学更像是一门艺术，其核心手段是代换和置换。代换，是指明文中的每一个字符被替换成密文中的另一个字符，接收者对密文作反向替换便可显示明文。置换，是指密文和明文字母保持相同，但顺序被打乱。代换密码的著名例子有古罗马的恺撒密码（或称凯撒密码，公元前1世纪）和法国的维吉尼亚密码（16世纪）。恺撒密码是将字母表中的每一个字母用它之后的第k个字母来代换，如将"comeatnine"加密为"htrjfysnsj"（k=5）。但这种加密方式无法掩盖各字母之间的频率特征，易被破解。相比之下，维吉尼亚密码则提升了安全性，它的密钥通常是一个单词，如"hear"，对于上述明文"comeatnine"，加密时将第1个字母后移8位（密钥"hear"的第一个字母h处于字母表第8位），第2

个字母后移5位（密钥的第二个字母e处于字母表第5位），以此类推，因此加密后的结果是"jsmvhxnzui"。

3.1.2　近代密码学

密码学成为一门新的学科是在20世纪70年代，这是受计算机科学蓬勃发展刺激和推动的结果。电子计算机和现代数学方法一方面为加密技术提供了新的概念和工具，另一方面也给破译者提供了有力武器。计算机和电子时代的到来，给密码设计者带来了前所未有的自由，他们可以轻易地摆脱原先用铅笔和纸进行手工设计时易犯的错误，也不用再面对用电子机械方式实现加（解）密的高额费用。

Arthur Scherbius于1919年设计出了历史上最著名的密码机——Enigma。在第二次世界大战期间，Enigma曾作为德国陆、海、空三军最高级密码机。Enigma使用了3个正规轮和1个反射轮。这使得英军从1942年2月到12月都没能解读出德国潜艇发出的信号。转轮密码机的使用大大提高了密码加密速度，但由于密钥量有限，到第二次世界大战中后期，引发了一场关于加密与破译的对抗。首先是波兰人利用德军电报中前几个字母的重复出现，破解了早期的Enigma密码，并将破译方法告诉了法国人和英国人。英国人在计算机理论之父——图灵的带领下，通过寻找德国人在密钥选择上的失误，成功地取得了德军的部分密码本，获得密钥，并通过选择明文攻击等手段，破解出相当多的非常重要的德军情报。

这一阶段真正开始于美国数学家香农在20世纪40年代末发表的一系列论文，特别是1949年发表的《保密系统的通信理论》，把已有数千年历史的密码学推向了基于信息论的科学轨道。近代密码学发展中一个重要突破是数据加密标准（DES）的出现。DES的意义在于：首先，它的出现使密码学得以从政府走向民间，其设计主要由IBM公司完成，美国国家安全局（NSA）等政府部门只是参与其中，最终经美国国家标准局公开征集、遴选后，确定为联邦信息处理标准；其次，DES中的很多思想（Feistel结构、S盒等）被后来大多数分组密码所采用；最后，DES出现之后，不仅在美国联邦部门中使用，而且风行世界，并在金融等商业领域广泛使用。

3.1.3 现代密码学

1976 年，W.Diffie 和 M.Hellman 在 IEEE Transactions on Information Theory 上发表了一篇题为"New Direction in Cryptography"的文章，提出了"非对称密码体制即公开密钥密码体制"的概念，开创了密码学研究的新方向。公钥密码的提出实现了加密密钥和解密密钥之间的独立，解决了对称密码体制中通信双方必须共享密钥的问题，在密码学领域具有划时代的意义。

1977 年，美国麻省理工学院提出第一个公钥加密算法——RSA 算法，之后ElGamal、椭圆曲线、双线性对等公钥密码相继被提出，密码学真正进入了一个新的发展时期。一般来说，公钥密码的安全性由相应数学问题在计算机上的难解性来保证，以广为使用的 RSA 算法为例，要破解它需要计算大整数因子的分解，而这种计算在现有的计算系统中执行起来难度极高，要破解它难度很大。因此，如果我们设计一套基于这个算法的加密系统，则黑客要以现有的计算技术攻破这个系统难度就会极大，这就从技术上保障了系统的安全。例如，对于整数 22，我们易于发现它可以分解为 2 和 11 两个素数相乘，但对于一个 500 位的整数，即使采用相应算法，也要很长时间才能完成分解。然而，随着计算能力的不断增强和因子分解算法的不断改进，特别是量子计算机的发展，公钥密码安全性也渐渐受到威胁。目前，研究者们开始关注量子密码、格密码等抗量子算法的密码，后量子密码等前沿密码技术逐步成为研究热点。

3.1.4 量子密码学

量子密码学是加密学领域的一个新兴门类。它基于量子力学原理，能通过公开信道在用户之间严格安全地分配密钥。在量子密码技术中，量子态作为信息载体，经由量子通道在用户之间传送密钥。

量子密码技术基于以下两个要点保证密钥分配的安全：

（1）以单光子（量子）携带信息，无惧第三方分取信息。

（2）量子不可克隆定律保证第三方无法拷贝信息。

将量子力学的原理用于加密技术的想法最早源自美国科学家斯蒂芬·威斯纳（Stephen Wiesner）。他在 1970 年提出可利用单量子态制造不可伪造的"电子钞票"。到了 1984 年，查尔斯·贝内特（Charles H. Bennett）和吉尔·布拉萨德（Gilles Brassard）提出著名的量子密钥分配协议，也称为 BB84 方案，从此迎来量子密码技术发展的新时期。经过 30 多年的研究和发展，量子密码学已经发展成为密码学的一个重要分支。

量子密码学之所以受到广泛关注，主要原因在于量子密码本身的独特属性使得它比数学密码更具应用上的优势。这主要体现在对信道中窃听行为的可检测性和密码方案的无条件安全性（可证明安全性或者高安全性）两个方面。

所谓对信道中窃听行为的可检测性，是指当通信中的两个用户之间的信道受到干扰时，通信者根据某个量子力学原理可以同步实时地检测出这种干扰的存在与否。所谓密码方案的无条件安全性，是指量子密码方案在攻击者具有无限计算资源的条件下，仍具有不可能破译修改的特性。

面对未来具有超级计算能力的量子计算机，现行基于解自然对数及因子分解难度的加密系统将变得不安全，而量子密码技术则可以获得经典密码学所无法获得的安全性。可以说，量子密码技术将是保障未来网络通信安全的一种重要技术。

小思考 3-1

量子密码学是基于什么原理？

3.1.5　密码学的前景

1976 年 W.Diffie 和 M.Hellman 提出了公钥密码，标志着现代密码学的诞生，是国际密码学发展史上具有里程碑意义的大事件。自此国际上已提出了许多种公钥密码体制，如基于分解大整数的困难性的公钥密码体制——RSA 密码体制，及其变种的基于离散对数问题的公钥密码体制——ElGamal 密码体制，及其变种的 ECC 密码体制等，这些都得到了广泛应用，并且为当今信息化时代提供了各种各样的安全性服务（如机密性、可信性（鉴别）、完整性、不可否认性、可用性以及访问控制等）。这些公钥密码体制的安全性均依赖数学难题（大整数分解难题和离散对数求解难题）的困难性。然而，这些问题在量子计算情形下，经过 Shor 算法均可变为易解问题——P 问题，因而我们可以断言量子计算机出现之日，便是现今密码寿终正寝之日。因此，研究抗量子计算的密码算法是未来密码学新的研究方向。

3.2 非对称加密

3.2.1 非对称加密概述

非对称加密是现代密码学的重要发展成果。非对称加密需要公开密钥（Public Key，公钥）和私有密钥（Private Key，私钥）两个密钥。公钥与私钥是一对，如果用公钥对数据进行加密，只有用对应的私钥才能解密。因为加密和解密使用的是两个不同的密钥，所以这种算法也称为非对称加密算法。

非对称加密算法实现机密信息交换的基本过程是：甲方生成一对密钥并将公钥公开，需要向甲方发送信息的其他角色（乙方）使用该密钥（甲方的公钥）对机密信息进行加密后再发送给甲方；甲方再用自己的私钥对加密后的信息进行解密。甲方想要回复乙方时正好相反，使用乙方的公钥对数据进行加密，同理，乙方使用自己的私钥来进行解密。此外，甲方可以使用自己的私钥对机密信息进行签名后再发送给乙方；乙方再用甲方的公钥对甲方发送回来的数据进行验签。非对称加密算法的保密性比较好，它消除了最终用户交换密钥的需要。

非对称密码体制的特点是算法强度复杂、安全性依赖算法与密钥，但是由于其算法复杂，加密和解密速度没有对称加密和解密的速度快。对称密码体制中只有一种密钥，并且是非公开的，如果要解密就得让对方知道密钥，因此保证其安全性就是保证密钥的安全。而非对称密码体制有两种密钥，其中一种是公开的，这样就可以不需要像对称密码那样传输对方的密钥了，安全性就提高了很多。

非对称加密的主要算法有 RSA 算法、ElGamal 算法、背包算法、Rabin 算法、D-H 算法和椭圆曲线加密算法（ECC）。在区块链技术中，使用非常广泛的是

ECC算法。

3.2.2 椭圆曲线加密算法（ECC）

椭圆曲线加密算法（ECC）全称为 Elliptic Curve Cryptography。在这一节我们将从平行线讲起，逐步带大家了解椭圆曲线算法的由来、原理和具体步骤。

1）平行线

在欧氏几何中平行线是永不相交的。这个公理到了近代开始遭到质疑。如果可以假设平行线永不相交，也可以假设平行线在无限远的地方相交，即平行线相交于无穷远点（P∞），如图3-1所示。

P∞

图3-1　平行线交于无穷远点

这个假设把直线的平行与相交统一了。为把无穷远点和平面上原来的点相区别，我们把原来平面上的点称为平常点。

无穷远点有下列性质：

（1）直线 L 上的无穷远点只能有一个。

（2）平面上一组相互平行的直线有公共的无穷远点。

（3）平面上任何相交的两条直线 L1、L2 有不同的无穷远点。

（4）平面上全体无穷远点构成一条无穷远直线。

（5）平面上全体无穷远点与全体平常点构成射影平面。

射影平面坐标系是对平面直角坐标系的扩展。平面直角坐标系中无法表示无穷远点，为了表示无穷远点，就产生了射影平面坐标系。

2）椭圆曲线

所谓椭圆曲线，是在射影平面上满足魏尔斯特拉斯方程（Weierstrass）所有点的集合。

典型的椭圆曲线如图3-2所示。

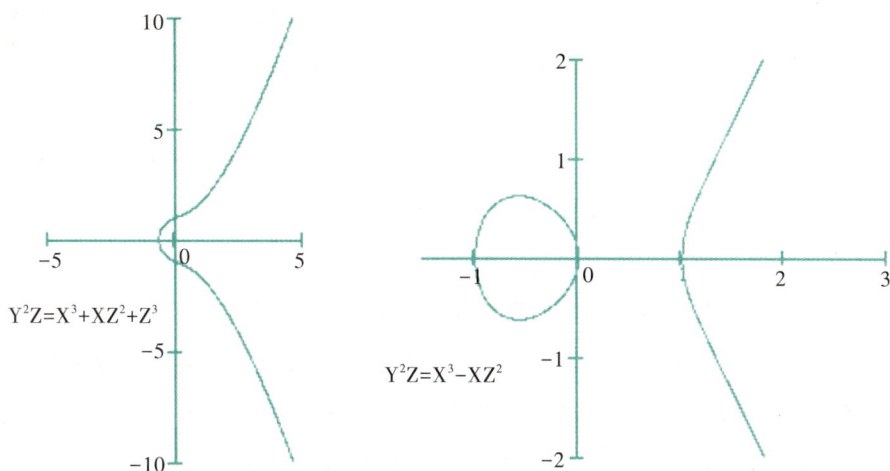

$$Y^2Z=X^3+XZ^2+Z^3$$

$$Y^2Z=X^3-XZ^2$$

图3-2 典型的椭圆曲线

3）椭圆曲线加密通信算法

利用椭圆曲线可以对通信过程进行加密，其具体的算法步骤如下：

（1）消息接收者A选定一条椭圆曲线E，并取椭圆曲线上的一点作为基点G。

（2）消息接收者A选择一个私有密钥k（k＜n），并生成公共密钥K=kG。

（3）消息接收者A将E和点K、G发送给消息发送者B。

（4）消息发送者B收到信息后，将待传输的明文编码到E上的一点M（编码方法略），并产生一个随机整数r（r＜n，n为G的阶数）。

（5）消息发送者B计算点C_1=M+rK和C_2=rG。

（6）消息发送者B将C_1、C_2发送给消息接收者A。

（7）消息接收者A收到信息后，计算C_1-kC_2，结果就应该是点M。因为：C_1-kC_2=M+rK-k（rG）=M+rK-r（kG）=M。然后，消息接收者A再对M进行解码就得到明文。

3.3 哈希算法

哈希算法（Hash Algorithm），又称散列算法，是从任何一种数据中创建小的数字"指纹"的方法。它把消息或数据压缩成摘要，使得数据量变小，将数据的格式固定下来，其计算所得的输出就是散列值或哈希值。这种转换是一种压缩映射，也就是哈希值的空间通常远小于输入的空间，不同的输入可能会散列成相同的输出，因此不可能根据哈希值来确定唯一的输入值。

哈希算法有下列性质：

（1）单向性。所谓单向性，是指给定一个输入数，容易计算出它的哈希值，但是已知一个哈希值根据同样的算法不能得到原输入数。

（2）弱抗碰撞性。所谓弱抗碰撞性，是指给定一个输入数，要找到另一个得到给定数的哈希值，在使用同一种方法时，在计算上不可行。

（3）强抗碰撞性。所谓强抗碰撞性，是指对于任意两个不同的输入数，根据同样的算法计算出相同的哈希值，在计算上不可行。

使用哈希算法可以提高存储空间的利用率，可以提高数据的查询效率，也可以生成数字签名来保障数据传递的安全性。因此，哈希算法被广泛地应用在互联网和区块链中。

常用的哈希算法有：

（1）MD4。MD4（RFC 1320）是 MIT 的 Ronald L. Rivest 在 1990 年设计的，MD 是 Message Digest（消息摘要）的缩写。它适用于在 32 位字长的处理器上用高速软件实现——是基于 32 位操作数的位操作实现的。

（2）MD5。MD5（RFC 1321）是 Ronald L. Rivest 于 1991 年发布的，是对 MD4 的改进算法。它的输入仍以 512 位分组，其输出是 4 个 32 位字的级联，与 MD4 相同。MD5 比 MD4 复杂，并且速度较慢，但更安全，在抗分析和抗差分方面表现更好。

（3）SHA 家族算法。SHA 全称为 Secure Hash Algorithm，是安全哈希算法的简称，是一个密码哈希函数家族，是 FIPS 所认证的安全散列算法。它是能计算出一个数字消息所对应到的、长度固定的字符串（又称消息摘要）的算法。若输入的消息不同，它对应到不同字符串的概率会很高。

SHA 家族有五个算法，分别是 SHA-1、SHA-224、SHA-256、SHA-384 和 SHA-512。它们由美国国家安全局（NSA）所设计，并由美国国家标准与技术研究院（NIST）发布，是美国的政府标准。后四者有时并称为 SHA-2。SHA-1 在许多安全协定中被广为使用，包括 TLS 和 SSL、PGP、SSH、S/MIME 和 IPSec，曾被视为 MD5（更早之前被广为使用的杂凑函数）的后继者，但 SHA-1 的安全性如今被密码学家严重质疑。目前尚未出现对 SHA-2 的有效攻击，它的算法跟 SHA-1 基本相似。

（4）区块链技术中常用的哈希算法。目前在区块链技术中常用的哈希算法有SHA-256算法、Keccak算法等。

SHA-256算法：SHA-256算法是SHA算法家族中的一员。比特币系统在产生公钥和地址时会使用这种算法。对于任意长度的消息输入，SHA-256算法都会产生一个256位（bit）的哈希值，称为消息摘要。这个摘要相当于长为32个字节的数组，通常用一个长为64的十六进制字符串来表示。

Keccak算法：Keccak-256算法是用在以太坊中的哈希算法，它在SHA-3标准哈希算法的填充上作了后期的更改，因此和标准的SHA-3算法稍有区别。Keccak-256算法是Keccak算法家族中的一员，它的意思是经过运算后输出的哈希值为256位（bit）。

小思考 3-2

列举区块链技术中常用的一种哈希算法。

3.4　数字签名

3.4.1　数字签名概述

数字签名，又称公钥数字签名，是一种能证实数字信息或数字文档真实性的数学算法。采用这种算法，信息的发送者能生成他人无法伪造的一段数字串，这段数字串能证明信息发送自发送者而非第三方。它使用了公钥加密领域的技术来实现。一套数字签名通常定义两种互补的运算，一种用于签名，另一种用于验证。数字签名是非对称密钥加密技术与数字摘要技术的应用。

使用数字签名通常在信息正文附加一些数据，或者对信息正文进行加密变换。这种数据或变换可以让信息接收者用以确认该信息的来源和信息的完整性，并保护信息防止被人（如第三方）伪造。

经过数字签名的文件其完整性和不可否认性可以被验证。正因为如此，数字签名广泛地应用在区块链技术中，用来对交易进行签名。

利用数字签名能够实现下列功能：

（1）接收方能通过发送方的公钥确认发送方的身份。

（2）通过私钥方式签名，他人无法伪造。

（3）发送方通过私钥签名抵赖不了对信息的签名。

（4）签名生成的哈希值保证了数据的完整性。

（5）哈希函数保证了数据不被篡改。

使用数字签名发送信息的过程如图3-3所示。

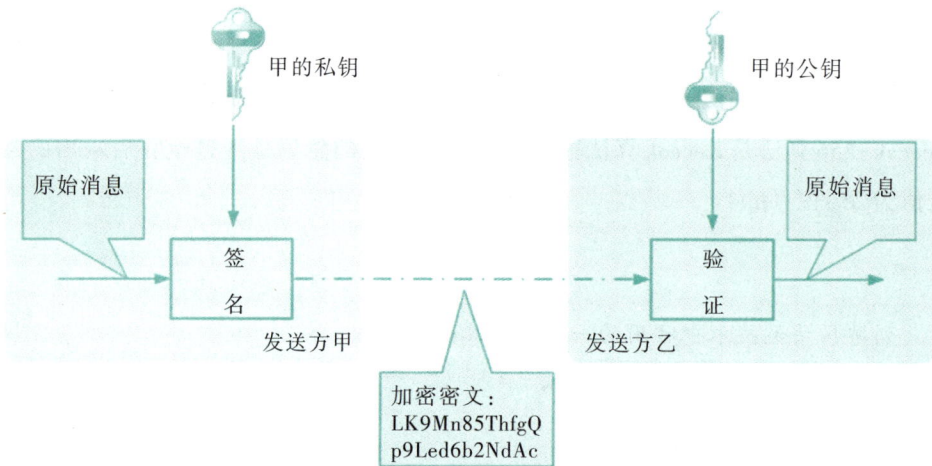

图3-3　使用数字签名发送信息的过程

数字签名包括普通数字签名和特殊数字签名。这两种签名分别由普通数字签名算法和特殊数字签名算法产生。普通数字签名算法有 RSA、ElGamal、Fiat-Shamir、Guillou- Quisquarter、Schnorr、Ong-Schnorr-Shamir、Des/DSA、椭圆曲线数字签名算法和有限自动机数字签名算法等。特殊数字签名有盲签名算法、代理签名算法、群签名算法、不可否认签名算法、公平盲签名算法、门限签名算法、具有消息恢复功能的签名算法等。其与具体应用环境密切相关。

小思考3-3

在数字签名中通常定义的两种互补运算的作用是什么？

3.4.2　ECDSA数字签名技术

在众多数字签名技术中，椭圆曲线数字签名算法（ECDSA）是区块链技术中常用的数字签名算法。它是使用椭圆曲线密码对数字签名算法（DSA）的模拟。ECDSA于1999年成为 ANSI 标准，并于2000年成为 IEEE 标准和 NIST

标准。它在 1998 年即被 ISO 所接受，并且它的其他一些标准也在 ISO 的考虑之中。

3.4.3 ECDSA-secp256k1数字签名算法

要使用 ECDSA 技术，就需要构造一条椭圆曲线，而构造一条椭圆曲线需要确定若干个参数。以太坊使用了一套叫 secp256k1 的参数确定了该椭圆的形状，因此以太坊的签名算法全称就是 ECDSA-secp256k1。

ECDSA-secp256k1 参数构造的椭圆曲线如图 3-4 所示。

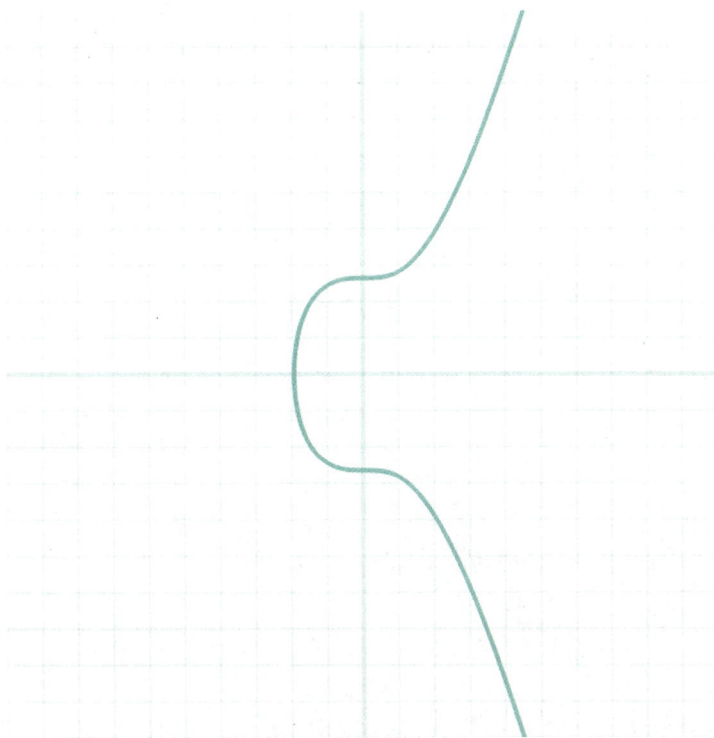

图3-4 ECDSA-secp256k1参数构造的椭圆曲线

问题与思考

1. 密码学的发展分为几个阶段？

2. 公钥密码的意义是什么？

3.对称加密和非对称加密的区别是什么？

4.在目前的区块链技术中使用非常广泛的非对称加密算法是什么？

5.什么是哈希算法？

6.什么是数字签名？

第四章

共识机制及常用的共识算法

学习目标

（1）了解拜占庭将军问题的由来及意义；

（2）掌握共识机制的目标和评价角度；

（3）掌握PBFT、Raft、PoW和PoS的工作流程。

思政目标

区块链的共识机制可以使不同用户快速识别数据处理过程中的账本修改情况，通过数据代码实现区块的隐私保护，这可以有效提高思想政治教育在区块链中的透明度和信任度，有助于提升价值互联网的网络效应，并以此培养学生类比和举一反三的学习能力。

在前面的章节中，我们已经介绍过比特币和以太坊的共识机制。这一章我们将进一步介绍在区块链网络中常用的几种共识机制。

区块链是一种去中心化的分布式账本系统。在这个系统中，由于存在网络延迟，各个节点所观察到的事务先后顺序不可能完全一致，因此区块链网络需要设计一种机制对在一段时间内发生的事务的先后顺序达成共识。这种机制便是共识机制，实现这套机制的算法就是共识算法。

共识算法根据容错能力不同，即在考虑节点故障不响应的情况下，再考虑节点是否会伪造信息进行恶意响应，可以分为 CFT（Crash Fault Tolerance）类和BFT（Byzantine Fault Tolerance）类两种共识算法。

CFT 类共识算法只保证分布式系统中节点发生宕机错误时整个分布式系统的可靠性，而当系统中节点违反共识协议（如被黑客攻占、数据被恶意篡改等）时，将无法保障分布式系统的可靠性，因此 CFT 类共识算法主要应用在企业内部的封闭式分布式系统中，目前流行的 CFT 类共识算法主要有 Paxos 算法及其衍生的 Raft 算法。

采用 BFT 类共识算法的分布式系统，即使系统中的节点发生了任意类型的错误，只要发生错误的节点数不高于一定的比例，整个系统的可靠性就可以得到保证。因此，在开放式分布式系统中，如区块链网络，会采用 BFT 类共识算法。

无论哪种共识算法，它们在本质上都要解决分布式系统中各节点如何达到一致性的问题。针对这个问题，Leslie Lamport 等学者于 1982 年发表的论文"The Byzantine Generals Problem"（拜占庭将军问题）则是这个领域的经典文献。

4.1 拜占庭将军问题

拜占庭是东罗马帝国的首都（现在位于土耳其的伊斯坦布尔）。东罗马帝国的国域辽阔，为了达到防御目的，帝国的军队广布于国土各处，因此军队之间都相距很远，各个军队的将军之间只能靠信差传递消息。在战争期间，各个军队的将军和副官之间必须达成一致的共识，在认为有赢的机会时才去攻打敌人的阵营。但是，军队内有可能存在叛徒和敌军的间谍，他们会干扰将军们的决定，扰乱军队的秩序。在达成共识时，有可能结果并不代表大多数将军的意见。因此，在已知有作恶分子的情况下，忠诚的将军们如何不受作恶分子的影响而达成一致的协议就成为军队通信的关键。这就是拜占庭将军问题的由来。

拜占庭将军问题是一个协议问题。军队中存在的作恶分子可以实施以下恶行：欺骗某些将军采取进攻行动；促成一个不是所有将军都同意的决定，如当将军们不希望进攻时促成进攻；或者迷惑某些将军，使他们无法作出决定。如果作恶分子的恶行得逞，则任何攻击行动都将注定失败，只有将军们完全达成一致才能获得成功。

拜占庭问题的最初描述是：n个将军被分隔在不同的地方，忠诚的将军们希望通过某种协议达成某个命令的一致（如一起进攻或者一起后退）。但其中一些作恶分子会通过发送错误的消息阻挠忠诚的将军们达成命令上的一致。

Lamport证明了在将军总数大于3m（背叛者为m）或者更少时，忠诚的将军们可以达成命令上的一致。

为了保证上面的需求，必须满足下面两个条件：

（1）每两个忠诚的将军必须收到相同的值 v（i）（v（i）是第i个将军的命令）。

（2）如果第i个将军是忠诚的，那么他发送的命令和每个忠诚将军收到的 v（i）相同。

为了简化以上模型，我们采用一个将军发送命令给多个副官的形式来演绎，发送命令的将军称为发令者，接收命令的将军为副官，那么上面两个条件可以表述为：

IC1.所有忠诚的副官遵守相同的命令。

IC2.如果发出命令的将军是忠诚的，那么所有忠诚的副官都遵守将军（发出命令的将军）的命令。

特别提示：每次发送命令的只有一个将军，将其命令发送给n-1个副官。m代表叛国者的个数，因为将军总数为n，所以副官总数为n-1个。IC2中副官遵守，实际上是指忠诚的将军能够正确收到忠诚将军的命令消息。

将上面的问题衍生到计算机网络就变成：在一个拥有n台节点的分布式系统中，整个系统对每个请求满足如下条件：

（1）所有非拜占庭节点使用相同的输入信息，产生同样的结果。

（2）如果输入的信息正确，那么所有非拜占庭节点必须接收这个信息，并计算相应的结果。

这就是分布式系统中对拜占庭将军问题的描述。

4.2 共识机制的目标和评价

Leslie Lamport 提出的拜占庭将军问题实质上就是要解决在一个分布式系统中，应该如何设计一种机制使得系统中的节点对事务的确认达到一致的问题。这就是共识机制要解决的问题。区块链系统就是一个典型的分布式系统。因此，区块链系统中共识机制的设计有两个目标：

（1）一致性。所有诚实节点所保存的区块链前缀部分完全相同。

（2）有效性。由诚实节点发布的消息终将被所有其他诚实节点记录到自己的区块链中。

不同的区块链网络因需求不同，对共识机制的要求也不同。我们通常可以从下面三个角度来评价一个共识机制的优劣：

下列描述中"n"代表系统节点数或系统规模，"c"代表系统的计算资源，"O（）"为算法复杂度函数。

（1）安全性。系统能够用 O（n）资源抵御各种攻击，如"双花""女巫攻击"等，从而使自身正常运转。

（2）扩展性。系统能处理的交易与所需的资源存在这样的关系：O（n）> O（c）。

（3）去中心化。系统中每个节点所能获得的资源只有 O（c），即系统中每一个节点只能接触有限资源，没有节点能够垄断。

这三个定义摘自"以太坊2.0"相关文档对区块链网络的描述。实际上，业界到目前为止对此并没有一个统一的标准，我们认为"以太坊2.0"的描述最为贴切，因此选用了它。

有了对共识机制的大概了解，下面我们就分别介绍五种常用的共识机制算法，即 PBFT 算法、Raft 算法、PoW 算法、PoS 算法和 DPoS 算法。

小思考 4-1

区块链系统中共识机制的设计目标是什么？

4.3　PBFT 基础

实用拜占庭容错（Practical Byzantine Fault Tolerance，PBFT）系统是一个降低了拜占庭协议运行复杂度的系统，其复杂度从指数级别降低到多项式级别（polynomial），使拜占庭协议在分布式系统中的应用成为可能。这个系统运行的共识机制就是PBFT共识机制，这种机制的算法就是PBFT算法。

PBFT算法是一种状态机副本复制算法，状态机在分布式系统的不同节点进行副本复制。每个状态机的副本都保存了服务的状态，同时实现了服务的操作。将所有的副本组成的集合用大写字母 R 表示，使用 0 到 |R|−1 的整数表示每一个副本。为了描述方便，通常假设故障节点数为 m 个，整个服务节点数为 |R|=3m+1 个，这里 m 是有可能失效的副本的最大数量。尽管可以存在多于 3m+1 个副本，但更多的副本除了降低性能之外并不能提高可靠性。

PBFT算法要求共同维护一种状态，所有节点采取的行动一致。为此，需要运行三类基本协议，即一致性协议、检查点协议和视图更换协议。我们主要关注支持系统日常运行的一致性协议。一致性协议至少包含三个阶段：请求（request）、序号分配（pre-prepare）和响应（reply）。根据协议设计的不同，可能包含交互（prepare）、序号确认（commit）等阶段。PBFT通信模式如图4-1所示。

在图4-1中，每一个客户端的请求需要经过5个阶段，通过采用两次两两交互的方式，在服务器达成一致之后再执行客户端的请求。由于客户端不能从服务器端获得任何服务器运行状态的信息，因此PBFT系统中主节点是否出现错误只能由服务器监测。如果服务器在一段时间内不能完成客户端的请求，则会触发视图更换协议。其中 C 为客户端，$N_0 \sim N_3$ 表示服务节点，N_0 为主节点，N_3 为故障节点。整个协议的基本过程如下：

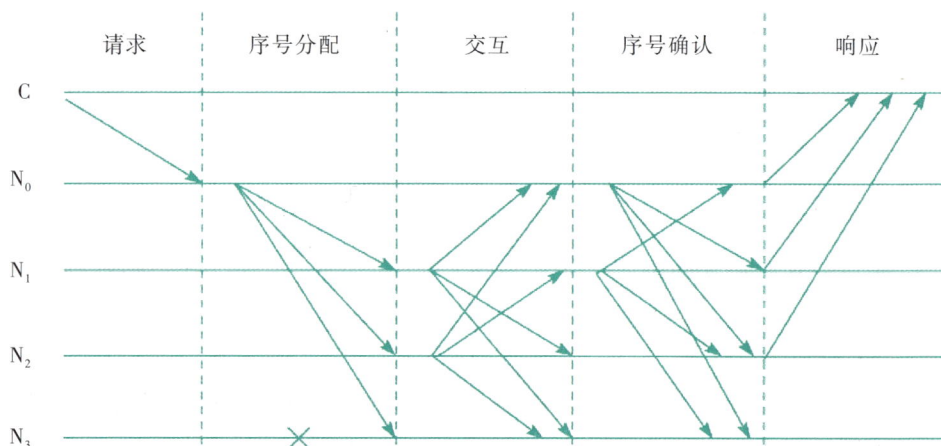

图4-1　PBFT通信模式

（1）客户端发送请求，激活主节点的服务操作。

（2）当主节点接收请求后，启动三阶段的协议，以便向各从节点广播请求。

① 序号分配阶段，主节点给请求赋值一个序列号n，广播序号分配消息和客户端的请求消息m，并将构造序号分配消息传给各从节点。

② 交互阶段，从节点接收序号分配消息，向其他服务节点广播序号分配消息。

③ 序号确认阶段，各节点对视图内的请求和次序进行验证后广播序号确认消息，执行收到的客户端的请求并给客户端以响应。

（3）客户端等待来自不同节点的响应，若有m+1个响应相同，则该响应即为运算结果。

PBFT算法在很多场景都有应用，在区块链场景中，一般适用于对强一致性有要求的私有链和联盟链场景。例如，在IBM主导的区块链超级账本项目中，PBFT是一个可选的共识协议。在Hyperledger的Fabric项目中，共识模块被设计成可插拔的模块，支持PBFT、Raft等共识算法。

4.4　Raft基础

在某些分布式系统的实用场景下，不需要考虑拜占庭故障，而只需要处理一般的宕机故障。在这种情况下，采用Paxos等协议会更加高效。Paxos是

Leslie Lamport 设计的保持分布式系统一致性的协议。但由于 Paxos 非常复杂，较难理解，因此后来出现了各种不同的实现形式和变种。Raft 就是这样一种协议。

Raft 是一种相对于 Paxos 更容易理解的一致性算法，意在取代目前广为使用的 Paxos 算法。目前，Raft 在各种主流语言中都有了一些开源实现。

Raft 最初是一种用于管理复制日志的共识算法，它是一个为真实世界应用建立的协议，主要注重协议的落地性和可理解性。Raft 是在非拜占庭故障下达成共识的强一致性协议。

在区块链网络中，使用 Raft 协议实现共识的过程可以描述如下：首先选举一个 leader，接着赋予 leader 完全的权力管理记账。leader 从客户端接收记账请求，完成记账操作，生成区块，并复制到其他记账节点。leader 能够决定是否接受新的交易记录项而无须考虑其他记账节点。当 leader 失效或与其他节点失去联系时，系统就会选出新的 leader。

1）Raft 节点

在 Raft 中，每个节点都会处于下面三种状态中的一种：

（1）follower：所有节点都以 follower 状态开始。如果没收到 leader 的消息则会变成 candidate 状态。

（2）candidate：这种节点会向其他节点"拉选票"，如果得到大部分节点的选票则成为 leader。这个过程就是 Leader 选举（Leader Election）。

（3）leader：所有对系统的修改都会先经过 leader。每个修改都会写一条日志。leader 收到修改请求后会进行一系列操作，这个过程就是日志复制（Log Replication），其过程如下：

① 复制日志到所有 follower 节点（Replicate Entry）。

② 大部分节点响应时提交日志。

③ 通知所有 follower 节点日志已提交。

④ 所有 follower 节点也提交日志。

⑤ 整个系统处于一致的状态。

2）Raft 算法

Raft 算法分两个阶段，即 Leader Election 和 Log Replication。

（1）Leader Election。

步骤一，任何一个节点都可以成为一个候选者（candidate），它向其他

follower节点发出要求选举自己的请求。

步骤二，其他节点同意，发出确认信息。注意：如果在这个过程中有一个follower节点宕机，没有收到请求选举的要求，此时候选人可以自己选自己，只要达到N/2+1的大多数票，候选人仍然可以成为leader。

步骤三，候选者成为leader，它可以向follower节点发出指令。比如，进行记账。

步骤四，通过心跳消息发出进行记账的通知。

步骤五，当这个leader崩溃时，其他follower节点中有一个成为候选者，并发出邀票选举。

步骤六，其他follower节点同意后，此候选者成为新的leader，继续承担记账等工作。

在竞选leader的过程中，有一个竞选超时的时间设置，如果follower在选举超时的时间内未收到leader的心跳消息，则转换为candidate状态。这个竞选超时的时间一般设为一个150~300ms之间的随机数。

（2）Log Replication。

步骤一，假设leader已经选出，这时客户端会发出增加一个日志的请求。

步骤二，leader要求follower遵从它的指令，将这个新日志追加到它们各自的日志中。

步骤三，大多数follower将日志写入账本后，确认追加成功，发出确认成功信息。

步骤四，在下一个心跳中，leader会通知所有follower更新确认的项目。

对于每个新的日志记录，重复上述过程。

在这个过程中，若发生任何故障，使得leader不能通知大多数follower，则leader只能通知它能访问的那些follower。而大多数follower因为没有了leader，它们将重新选举一个候选者作为新的leader，然后这个新的leader作为代表与外界打交道。如果外界要求其添加新的交易记录，这个新的leader就按上述步骤通知大多数follower。当故障排除，系统恢复正常后，原先的leader就变成了follower。在失联阶段，原先的leader所发出的任何更新都不能得到确认，必须全部回滚，接收新的leader的指令。

小思考 4-2

Raft 共识机制的大致工作流程是什么？

4.5　PoW 基础

PoW 全称为 Proof of Work，即基于工作量的证明。比特币的共识机制就是典型的 PoW。这种共识机制是系统中的节点不断用随机数（nonce）和其他数据一起输入，反复进行哈希运算，直到找出满足给定数的过程。在比特币中，这个给定数被称为"难度值"。比特币的"难度值"中前导的位数都为 0，前导位数中 0 的个数越多，代表难度越大。

4.5.1　PoW 共识算法的过程

（1）选取交易。从交易池中选取要打包进新区块的交易，生成交易列表，并通过默克尔树（Merkle Tree）算法生成交易列表的默克尔根哈希值。

（2）将默克尔根哈希值及其他相关字段组装成区块头，将区块头的字节（在比特币中是 80 个字节）数据作为工作量证明的输入项。

（3）随机生成一个随机数，即 nonce 值，将该 nonce 值与其他数据一起进行哈希运算（在比特币中进行两次 SHA-256 哈希运算），将所得的哈希值与当前系统的难度值进行对比，若小于难度值，则解题成功，工作量证明完成，否则重复本步骤直到工作量证明完成。

4.5.2　PoW 能否解决拜占庭将军问题

关于比特币的 PoW 共识算法，业界一直存在争议，质疑其能否解决拜占庭将军问题。2015 年，Juan Garay 对比特币的 PoW 共识算法进行了正式的分析，得出的结论是比特币的 PoW 共识算法是一种概率性拜占庭协议（Probabilistic Byzantine Agreement）。Juan Garay 对比特币共识算法的两个重要属性分析如下：

（1）一致性（Agreement）。在不诚实节点的总算力小于 50%，且每轮同步区块生成的概率很低的情况下，所有诚实节点生成相同区块的概率很高。

（2）正确性（Validity）。区块链中的大多数区块必须由诚实节点提供。严格来说，只有当不诚实节点的算力非常小时，才能使大多数区块由诚实节点产生。

由此可以看出，当不诚实节点的总算力小于全网总算力的50%，且挖矿难度比较高时，在大约每10分钟产出一个区块的情况下，比特币区块链达到一致性的概率会随确认区块的数目增多而呈指数级提升。而当不诚实节点的算力具有一定规模，甚至不用接近50%的时候，比特币的共识算法并不能保证正确性。也就是说，其不能保证大多数的区块由诚实节点产生。

这也说明比特币的共识算法不适合私有链和联盟链。首先，它只是一种最终一致性的共识算法，不是强一致性的共识算法。其次，它的共识效率低，而提高共识效率又会牺牲共识协议的安全性。

比特币通过巧妙的矿工奖励机制来提升网络的安全性。矿工挖矿获得比特币奖励及记账所得的交易费用，使得矿工更希望维护网络的正常运行，而任何破坏网络的作恶行为都会损害矿工自身的利益。因此，即使有些比特币矿池具备强大的算力，它们也都没有作恶的动机，反而更有动力维护比特币的正常运行。

4.6　PoS基础

PoS全称为Proof of Stake，即基于权益的证明。这种模式最早由点点币（Peercoin）采用。

点点币在其SHA-256哈希运算的难度中引入了币龄的概念。所谓币龄，就是币的数量与币的年龄（天数）的乘积。币龄能够反映某个交易时刻点点币网络中节点所持有的数字货币数量。如果节点持有至少30日未用的币就可以参与区块打包权的竞争，节点持有的币龄越大，就越有可能获得下一个区块的打包权。

当节点通过持有的币龄获得区块打包权打包区块后，所持有的币龄将清零，且必须等待至少30日才能重新竞争区块的打包权。同时，为防止拥有极高币龄的节点控制区块链，获得区块打包权的最大概率在90日后才达到最大值，并随时间逐渐生成新币而无须消耗大量的算力。

2022年9月，以太坊的共识机制转向了PoS。以太坊的PoS机制与已往的PoS机制（如前面所提到的点点币的共识机制）有稍许不同，其共识机制的工作流程如下：

验证者（即参与区块打包的节点）将以太币（Ether）质押到以太坊上的智能合约中，获得参与区块打包权。这些质押的以太币充当抵押品。

之后，验证者负责检查在网络上传播的新区块是否有效，并且自己也可以创建和传播新区块。

如果在区块打包的过程中验证者有失信行为或者消极怠工，那么其抵押的以太币将被扣除甚至罚没。

以太坊所采用的PoS机制是目前区块链公链领域最为流行和通用的PoS机制。

4.7　DPoS基础

DPoS全称为Delegated Proof of Stake，即基于代理权益的证明。这种共识算法是基于PoS发展而来的。

比特股（Bitshares）是较早采用DPoS机制的数字货币，它期望通过引入一个技术民主层来减轻中心化的负面影响。

比特股的DPoS机制是让每一个持有比特股数字货币的人进行投票，由此产生101位代表，这101位代表可以被称为超级节点或者矿池。这101个超级节点彼此的权利是完全相等的。如果这101个超级节点不能履行它们的职责（如当轮到某个超级节点生成区块时，却没能生成区块），则它们会被除名，网络会选出新的超级节点来取代它们。

这个超级节点在比特股中被称为见证人，见证人可以生成区块。每一个持有比特股的人都可以投票选举见证人。得到同意总票数中的前N个（N通常定义为101）候选者可以当选为见证人，当选见证人的个数（N）需满足至少一半的参与投票者相信N已经充分地去中心化。

见证人的候选名单每个维护周期（1天）更新一次。系统随机给见证人排序，每个见证人按序有2秒的权限时间生成区块，若见证人在给定的时间片不能生成区块，则该区块生成权限交给下一个时间片对应的见证人。DPoS的这种设计使得区块的生成速度大大提升。

小思考4-3

PoS共识机制的大致工作流程是什么？

比特股还设计了另一类竞选——代表竞选。选出的代表拥有提出改变网络参数的权利，包括交易费用、区块大小、见证人费用等。若大多数代表同意所提出的改变，则持股人有两周的审查期，这期间可以罢免代表并废止所提出的改变。这一设计确保代表在技术上没有直接修改参数的权利，以及所有网络参数的改变最终需要得到持股人的同意。

问题与思考

1. "拜占庭将军"问题的意义是什么？
2. 评价一个区块链系统共识机制的优劣通常有几个维度？
3. 简述PBFT共识机制的大致工作流程。
4. 简述PoW共识机制的大致工作流程。

第五章

智能合约基础

学习目标

（1）理解智能合约的基本概念；

（2）了解以太坊智能合约编写的主要语言；

（3）理解智能合约运行的原理及面临的问题；

（4）了解智能合约与传统IT系统的区别；

（5）了解智能合约与其他IT系统交互的方式。

思政目标

与传统数据相比，区块链依托大数据算法建立了一个多中心的参与模式，实现不同个体对思想政治教育的数据共享，使思想政治教育内容向结构化、扁平化、规模化方向发展，最大程度地解决思想政治教育因数据鸿沟而产生的成本问题，为思想政治教育开拓数据领域提供了基础支撑。

在前面的章节中，我们初步介绍了以太坊智能合约。在本章中我们将详细介绍智能合约的概念、发展及以太坊智能合约的编写、编译、调试及部署。

5.1 智能合约简介

前面我们简要介绍过智能合约的概念，具体可参见"2.2.1 以太坊的基本概念"。

智能合约与我们在日常生活中接触的法律意义上的合约有着明显的不同。人们往往会对两者产生混淆，尤其是对智能合约会产生困惑。这主要是源于它的名字，通常人们听到"合约"就会自然而然地联想到它一定与法律概念中的合约有某种联系，然后会认为这种合约是一种有法律约束力的协定，再加上某种因素使它变得"智能"。实际上这种理解是不准确的。因为智能合约参与方所拟定的这个合约不一定是满足合法条件所规定的"合约"，甚至有可能是非法的"合约"。由于我们生活在一个法治社会，因此所有的行为包括"智能合约"都必须被归类为与法律相关的行为。我们可以用图5-1来说明智能合约与法律合约的关系。

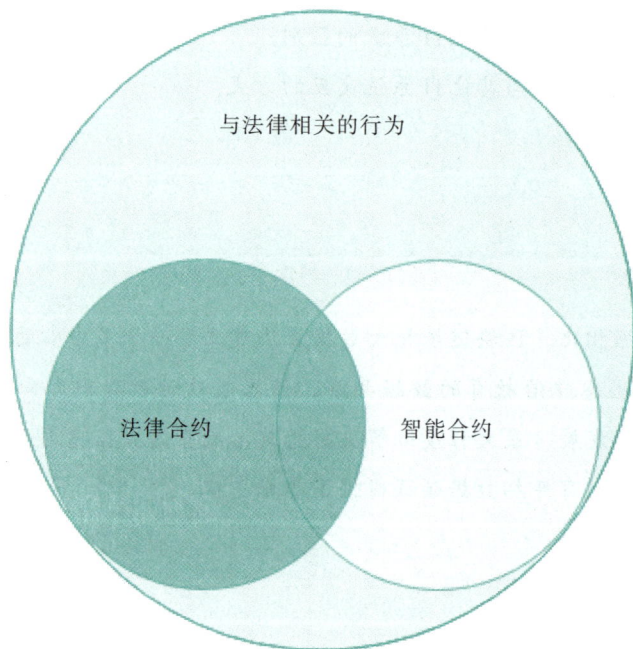

图5-1 智能合约与法律合约的关系

5.2　以太坊智能合约基础

由于智能合约必须由计算机或计算系统执行，因此当我们具体讨论智能合约的编写、运行时，必须指定智能合约所依赖的运行环境。在本节中，我们所讨论的智能合约的编写、运行等都是特指以太坊中的智能合约。

以太坊的智能合约可以理解为代码和数据的结合，存在于以太坊区块链的合约账户中。智能合约在编写完成后，要经过编译，变成以太坊虚拟机（EVM）能识别的字节码（Bytecode），然后字节码在以太坊虚拟机上被执行。

5.2.1　以太坊智能合约的语言

在以太坊中，智能合约可以用多种语言进行编写，常见的有 Solidity、Serpent、LLL 和 Mutan 等。其中，Mutan 语言已经不再维护，不建议继续使用。

在 Solidity、Serpent 和 LLL 中，Solidity 是最流行的，也是目前使用最广的，其详细信息可参看网址 http：//solidity.readthedocs.io/en/latest/。Solidity 是一种类似 JavaScript 的语言，由以太坊的联合创始人 Gavin Wood 博士发明。

小思考 5-1

现在编写以太坊智能合约最常用的语言有哪些？

5.2.2　以太坊智能合约的结构

一般来说，用 Solidity 编写的智能合约都有自己的通用结构。这个合约就像其他面向对象编程语言中的一个类（Class），其中包含状态变量（State Variable）、函数（Function）、函数修饰器（Function Modifier）、事件（Event）、结构（Structure）和枚举（Enum）等。合约也像类一样，支持继承、接口、多态等。

5.2.3 智能合约的集成开发环境（IDE）

智能合约的集成开发环境简称为 IDE，是为方便用户开发智能合约，由以太坊官方或第三方公司发布的开发工具。目前市面上的 IDE 很多，以太坊官方出品的 IDE 有 Mix IDE（https：//github.com/ethereum/wiki/wiki/Mix：-The-DApp-IDE），以及基于浏览器的 IDE Remix Solidity（http：//remix.ethereum.org）。

Remix 可以让用户直接在浏览器中编写智能合约。当用户在 IDE 中编写好智能合约后，可以用以太坊的开发框架 Truffle 给它添加界面，并直接打包成去中心化应用 DAPP。

5.3 智能合约的运行原理及面临的问题

5.3.1 智能合约运行的基本原理

前面我们用一个简单实例描述了智能合约编写、部署和执行的全过程。本节我们总结一下智能合约运行的基本原理及步骤。

智能合约是部署在区块链中的代码。在以太坊中，智能合约的运行是在以太坊虚拟机（EVM）中由交易触发的。当智能合约运行完成后，其对区块链状态的改变将被写入区块链中。

在以太坊中，智能合约的运行步骤如下：

第一步，个人或多方用户共同参与制定一份智能合约。这一步主要是指个人或多个用户根据共同的需求，确定责任和义务，共同商定一份承诺，以计算机语言编写一套可执行的代码。

第二步，合约通过区块链点对点网络广播并存入区块链中。这一步主要是指当这份合约编写好并且编译成功后，会广播到全网，使全网每一个节点都保存一份该合约的副本，等待新一轮共识，触发合约的执行及处理，有效的合约将最终写入区块链中。

第三步，智能合约自动执行。区块链网络中的智能合约会定期检查其状态、事务及触发条件。系统会将满足触发条件的合约推送到待验证队伍中等待共识并执行合约。

小思考 5-2

以太坊智能合约运行的步骤是什么？

5.3.2　智能合约面临的问题

智能合约最大的创新性在于其不依赖第三方机构的情况下由计算系统强制执行并且无法篡改和撤销，这对传统司法体系而言是个巨大的创新。但这些创新性同时带来了若干问题，主要有以下方面：

（1）由于智能合约无法篡改，导致合约一旦发布，无论其是否完备周全，都无法撤销。合约是由人拟定的，因此没有人能保证合约的完美。在传统环境中，合约的多方碰到意外情况可以酌情共同商议，找到折中方案，但智能合约无法做到这一点。

（2）目前各国司法界还没有将智能合约纳入监管体系，因此智能合约是否合法、其执行是否具有法律效力在司法界尚属空白。

5.4　智能合约与传统 IT 系统的本质区别

智能合约是区块链技术自诞生以来最重要的发明之一。虽然智能合约是由计算机编程语言编写并且也运行在计算系统中，但它和传统 IT 系统有本质区别，主要表现在以下方面：

（1）智能合约部署在去中心化的区块链中，不受任何第三方机构或组织管控。传统的 IT 系统无论是部署在某台或多台服务器上还是部署在云端，实际上都是部署在第三方机构或公司的系统中，受第三方机构或公司管控。

有些读者可能会混淆部署在区块链上的智能合约和部署在分布式系统中的云端 IT 系统。从表面上看，智能合约部署在区块链网络中的多台电脑上，云端 IT 系统也部署在分布式系统中的多台电脑上，两者很相似，但两者实际上有着本质区别。区块链所部署的多台电脑不受任何第三方机构管控，而是分别属于个体独立运作；云端IT系统（如阿里云、百度云等）无论部署在多少台电脑上，都统一受某个机构或公司（如阿里巴巴集团、百度集团等）管控，因此这些云端IT系统的管控方对其系统的运行和管控有绝对控制权。

（2）智能合约是运行在去中心化的区块链网络上的一段计算机可执行代码，这段代码一旦发布将不可篡改和撤销。传统的计算机代码部署在中心化的计算系统中，可由管控机构随时修改甚至撤销。

（3）任何人（只要他有足够的数字货币余额支付部署合约的费用）都可以不受限制地在公有区块链（如以太坊）上部署自己的智能合约，并且任何人（只要他有足够的数字货币余额支付调用合约的费用）都可以调用公有区块链（如以太坊）上的智能合约。传统IT系统都是部署在机构或公司中，因此要部署或调用必须获得该机构或公司的授权，否则无法操作。

小思考 5-3

智能合约与传统IT系统的本质区别是什么？

5.5　智能合约如何与其他IT系统交互

我们在本节介绍智能合约与其他IT系统的交互，这里的智能合约同样特指以太坊上的智能合约。

5.5.1　通过JSON-RPC接口调用智能合约

JSON-RPC是基于JSON的跨语言远程调用协议。在以太坊中，每一个节点都提供了一个对JSON-RPC的支持。用户可以通过JSON-RPC来和以太坊智能合约进行交互。

在使用JSON-RPC界面和智能合约进行交互时，操作相当烦琐而且容易出错，在这里对此种方式不做过多介绍，我们将详细介绍下面的通过Web3.js和智能合约交互的过程。

5.5.2 通过 Web3.js 接口调用智能合约

Web3.js 是 JavaScript 的库，提供了用于和以太坊节点 geth 通信的 JavaScript API，在它内部实际上还是使用的 JSON-RPC 与 geth 通信。

Web3.js 是以太坊官方的 JavaScript API，可以帮助智能合约开发者使用 HTTP 或者 IPC 与本地或者远程的以太坊节点进行交互。实际上这就是一个库的集合，主要包括下面几个库：

（1）web3-eth 用来与以太坊区块链和智能合约交互。

（2）web3-shh 用来控制 whisper 协议与 p2p 通信及广播。

（3）web3-bzz 用来与 swarm 协议交互。

（4）web3-utils 包含了一些 DAPP 开发会用到的功能。

Web3 与 geth 通信使用的是 JSON-RPC，这是一种轻量级的 RPC（Remote Procedure Call）协议，整个通信的模型可以抽象为如图 5-2 所示的图。

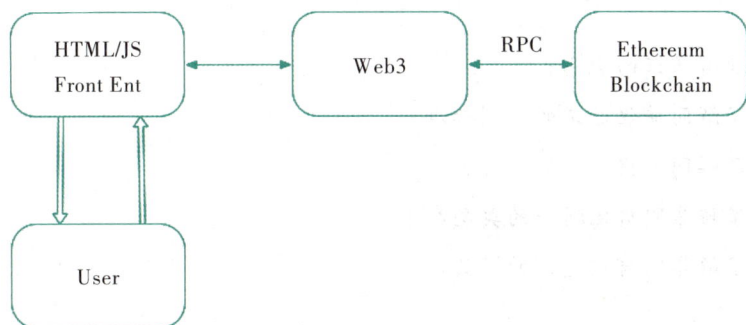

图5-2　JSON-RPC的通信模型

问题与思考

1. 以太坊智能合约存储于以太坊的什么账户中？

2. 智能合约运行的原理是什么？

3. 智能合约面临的问题有哪些？

4. 以太坊智能合约与其他 IT 系统交互的方式有哪些？试列举说明。

第六章

智能合约的应用——通证

学习目标

（1）理解通证的概念；

（2）了解同质化通证的典型标准；

（3）了解同质化通证的意义；

（4）了解非同质化通证的典型标准；

（5）了解非同质化通证的意义。

思政目标

掌握数字化的通证以贡献值大小的方式给价值输出者（创意创新者、创业创造者、生产经营者等）、消费者赋予权力（分红权、共享权、所有权、消费权等），予以奖励。同时，通证与企业经营价值相锚定，消费者拥有多少通证，就可享受多少企业红利分配。

6.1 什么是通证

在区块链生态中，智能合约有一个非常广泛的应用，那就是通证。通证是英文单词"Token"在区块链生态中的中文翻译。它表示基于区块链技术实现的以数字形式存在的权益凭证。在区块链生态中，通证可以承载价值、代表权益等。一个通证既可以表示单一属性，也可以同时表示多种完全不同的属性。比如，一个通证既可以代表某种数字资产，也可以表示某种参与链上活动的资格以及代表公司权益的凭证，公司可以将权益以通证的形式分配给投资者。

通证在区块链生态中通常扮演什么角色呢？一般来说，它可以扮演下列角色：

（1）通证可以是通向区块链应用的门户，用户需要凭通证才能使用区块链应用提供的服务或产品，如BAYC项目中持有BAYC通证的用户才能享受项目的福利和服务。

（2）通证可以代表其持有者享受的某种特殊权益，典型的有对某些事务决策的投票权，如Uniswap平台中持有UNI通证的用户有投票权。

（3）某些项目赋予其项目通证持有者特殊的用户体验。比如，Brave浏览器发行了自己的项目通证BAT。持有这个通证的用户在浏览网页时会享受某些特殊的权益，获得更佳的用户体验。

（4）在区块链生态中，通证在某些情况下还可以被视为价值存储，用作交易媒介，是发展区块链经济生态的重要组成部分，如将ETH经过通证化产生的WETH。

（5）通证可用作表示物品的所有权，尤其在区块链生态中，它可以被用来表示虚拟资产的所有权，如Sound.xyz中代表音乐版权的通证。

正因为通证可以在诸多场合扮演各类角色，因此业界按照通证的使用场景，根据通证是否可互换、是否本身具备唯一性，将其分为同质化通证和非同质化通证。

6.2　同质化通证

同质化通证是 Fungible Token 的中文翻译。"同质化"是经济学上的一个术语，意思是一类资产中个体是可以互换的，个体在价值上完全等价。区块链生态中所谓的同质化通证，就是指一类完全等价、可互换的通证。

在日常生活中，最常见的同质化资产就是法币。张三手中持有的一张 5 元面额的人民币和李四手中持有的一张 5 元面额的人民币在经济交流中是完全等价的，在交易中没有任何区别。

黄金也是一种典型的同质化资产。一盎司黄金，无论在哪个国家、在谁手里，只要它的纯度是一样的，它的价值就是一样的。

在区块链生态里，比特币就是最早的同质化资产，任何人手中的比特币在交易过程中其使用价值都是一样的。而以太坊的诞生，则把同质化资产的生态和使用推到了一个新的高度：产生了专门定义同质化资产的标准。以这种标准定义开发出来的资产就是同质化通证。

6.2.1　同质化通证的标准

在前面的章节中，我们和大家介绍了以太坊的智能合约。在以太坊生态中，所有的应用程序逻辑最终都是以智能合约的形式实现的。以太坊中的同质化通证也是如此。

在以太坊生态内，编写智能合约使用最广泛的语言是 Solidity。为了使以太坊社区的开发者在使用 Solidity 编写智能合约以实现同质化通证时尽量采用一致的形式，以太坊社区的开发者开发了一套标准的定义、接口和规范来定义同质化通证。

按照这套标准实现的同质化通证在整个以太坊应用生态中可以无缝地和各个应用对接，这对开发者而言在开发上可以实现代码的最大可重复利用，对应用而言在使用上也能够得到最大力度的推广。

以 Solidity 语言实现的同质化通证标准在以太坊中有若干种，其中使用得最为广泛的是被称为EIP-20的通证标准。

EIP-20通证标准按照以太坊社区的定义是：一套定义同质化通证的标准。一类同质化通证的特性在于这类通证中的每个通证其特质都是等同的（无论在种类上还是在内在价值上）。EIP-20通证标准由Fabian Vogelsteller于2015年11月提出。其提出了一个同质化通证应该具备的基本功能接口，如转账、查询余额、查询发行总量等。只要是实现了这些接口功能的智能合约，都可以被称为EIP-20通证。

EIP-20通证标准包含接口方法和事件定义。

其接口方法（Methods）主要包括：

"name（）"：查询通证的全名。

"symbol（）"：查询通证的符号，通常符号是全名的简称。

"decimals（）"：查询通证的精度。

"totalSupply（）"：查询通证的总发行量。

"balanceOf（）"：查询某个账户中此种通证的余额。

"transfer（）"和"transferFrom（）"：进行通证的转账。

"approve（）"：授权某个账户进行通证转账的额度。

"allowance（）"：查询某个账户进行通证转账的额度。

所谓事件定义，是指当EIP-20通证发生某种动作时，告知以太坊系统该动作发生，将这些动作记录下来，以便日后进行交易或信息查询时所用。

EIP-20的事件定义主要包括：

"Transfer（）"：通证发生转账交易。

"Approve（）"：授权某个账户进行通证转账。

小思考6-1

以太坊中使用最广泛的同质化通证标准是什么？

6.2.2 同质化通证的应用及意义

EIP-20通证标准提出后，在以太坊生态内出现的一个大规模应用就是同质化通证的大量发行。在以太坊生态内，大量的项目团队开发了自己的应用程序。这些项目团队为了吸引用户使用自己的程序，纷纷发行了项目通证。使用这些通证往往被赋予一定的权益（如生态内业务发展的决策权、生态利益的分红等），被用来奖励自己的用户。这些通证绝大部分就是EIP-20通证。

我们可以把以太坊生态中的一个个应用程序想象成一个个商业体，这些商业体为自己的用户和上下游供应商提供服务，发行了属于自己的交易媒介（EIP-20通证），用于自己商业场景中的流通和交易。

基于区块链的同质化通证有以下两点重要意义：

（1）同质化通证让应用程序能够直接激励自身生态的发展和应用场景的发展。

（2）同质化通证让应用开发团队能够有更加灵活的手段打造自己的应用生态，为生态的壮大提供了有效的激励工具。

6.3 非同质化通证

非同质化通证是英文 Non-fungible Token 的中文翻译，通常缩写为 NFT。从种类上说，这类通证常被用于表示收藏品、权限、票据、文件等。从形式上说，非同质化通证既可以表示虚拟物品，也可以表示实体物品。

在区块链生态中，非同质化通证是不可互换、价值唯一的通证。非同质化通证通常可以表示为某种特殊的权益，也可以表示为某种艺术品、收藏品，还可以表示为任何不可互换、价值唯一的数字资产或权益凭证。

6.3.1 非同质化通证的标准

与同质化通证及其对应的EIP-20通证标准一样，以太坊社区的开发者也开发了一套标准的定义、接口和规范来定义非同质化通证。

以Solidity语言实现的非同质化通证标准在以太坊中有若干种，其中使用最为广泛的是被称为EIP-721的通证标准。

按照以太坊社区的定义，EIP-721通证标准是一套定义非同质化通证的标准。这类通证的特性在于其中每个通证特质都互不相同（如价值、生存期、稀有性、视觉效果等）。

在EIP-721标准中，每个通证都有一个由256位的整型数定义的标识符

tokenId。每个通证由其智能合约地址和 tokenId 组合在一起，就形成了它在整个以太坊生态中唯一的标识。

EIP-721 通证标准由 William Entriken、Dieter Shirley、Jacob Evans 和 Nastassia Sachs 于 2018 年 1 月提出。其提出了一个非同质化通证应该具备的基本功能接口，如转账、查询所有者、查询余额等。只要是实现了这些接口功能的智能合约都可以被称为 EIP-721 通证。

EIP-721 通证标准包含接口方法和事件定义。

其接口方法（Methods）主要包括：

"balanceOf（）"：查询某个地址拥有该通证的数量。

"ownerOf（）"：查询某个通证的拥有者是谁。

"safeTransferFrom（）"和"transferFrom（）"：进行通证的转账。

"approve（）"：授权某个地址对通证的转账。

"setApprovalForAll（）"：授权或取消某个地址对通证的转账。

"getApproved（）"：返回某个通证的授权地址。

"isApprovedForAll（）"：返回某个地址是否得到通证转账的授权。

"supportsInterface（）"：返回该合约是否实现了 interfaceID 接口。

其事件定义主要包括：

"Transfer（）"：通证发生转账交易。

"Approval（）"和"ApprovalForAll（）"：授权某个账户进行通证转账。

小思考 6-2

以太坊中使用最广泛的非同质化通证标准是什么？

6.3.2　非同质化通证的应用及意义

非同质化通证的应用主要表现在以下方面：

1）数字艺术品

数字艺术品是 NFT 较早的使用案例。2021 年，数字艺术品创作者 Beeple（真名 Mike Winkelmann）创作的艺术画作 "Everydays：The First 5000 Days" 拍出了高达 6 930 万美元的天价。2021 年，另一位数字艺术品创作者 Krista Kim 创作的 3D 虚拟模型 "Mars House" 售出了 50 万美元的高价。

这些数字艺术品都使用了非同质化通证。

2）收藏品

非同质化通证也可以用来在区块链生态中表示实体物品的虚拟形式。2021年2月，著名NBA篮球明星LeBron James一个长为10秒的"NBA Top Shot"视频被制作成NFT，卖出了超过20万美元的高价。

3）游戏

非同质化通证可以用于游戏中的道具表达，如游戏中的虚拟土地。一旦这些虚拟土地被买家买走，则土地的处置权完全归属该买家，而不再属于土地的开发者。此外，这些虚拟土地还可以自由地被所有者而非原开发者拿到第三方平台进行售卖。2021年，以太坊上的游戏平台Axie Infinity一次性卖出了150万美元的虚拟土地。

4）音乐

利用非同质化通证，音乐创作者将其创作的音乐作品与通证挂钩，并进行发布、售卖。这使得创作者能够围绕作品本身更好地挖掘音乐作品的价值，最大化自己的经济利益。

2021年2月，整个音乐领域中的音乐创作者们通过采用NFT收获了大概2 500万美元的利润（通常，这个领域的年利润超过200亿美元）。尽管这个利润相比整个行业并不大，但已经取得了长足进展。

2021年2月28日，著名电音创作者3LAU为了庆祝其"Ultraviolet"专辑发售3周年，一次性整批发售了33个NFT，获得了将近1 170万美元的收入。

2021年3月3日，摇滚乐手Kings of Leon成为第一个以NFT发售专辑的创作者，该专辑名为"When You See Yourself"，获得销售额200万美元。除此以外，其他将非同质化通证用于音乐创作的还有美国饶舌歌手Lil Pump、音乐家Shepard Fairey等。

5）电影

2018年5月，20世纪福克斯影业和美国电影票务平台Atom Tickets合作，为电影《死侍2：我爱我家》发行了限量版海报。这些海报被做成了非同质化通证，并在著名的非同质化通证售卖平台 Opensea 和 GFT 上售卖。

2021年3月，Adam Benzine 的一部获得奥斯卡提名的纪录片《〈浩劫〉之魂》（Claude Lanzmann：Spectres of the Shoah）成为第一部被制作为非同质化通证拍卖的动作片、纪录片和奥斯卡金像奖提名影片，并在 Rarible 平台拍卖。

6）体育

2019年9月，NBA 球星 Spencer Dinwiddie 就把他的合约以非同质化通证形式发售，让投资者投资。此外，著名的区块链初创团队 Dapper Labs 还和 NBA 合作，创作了知名项目"NBA Top Shot"，将各个知名球星的高光时刻视频以非同质化通证的形式发售。

7）时尚

2019年，耐克获得一项区块链专利，该专利提出了一种方案，将非同质化通证与实体产品挂钩，如给一双运动鞋命名为"CryptoKicks"。

8）学术

2021年5月，加州大学伯克利分校宣布将拍卖两个诺贝尔奖获得者的发明专利：CRISPR-Cas9 基因编辑和癌症免疫疗法（CRISPR-Cas9 gene editing and cancer immunotherapy）。不过这两个专利将被制作成为非同质化通证进行拍卖。这两个非同质化通证在2021年6月8日被拍出了22个 ETH（时值55 000美元）。

9）版权

当我们谈非同质化通证与数字资产关联时，实际上谈的是两个方面：一是非同质化通证，二是这个非同质化通证所表示的数字资产。

在这个场景下，非同质化通证的所有者并不意味着就一定拥有这个数字资产的版权。也就是说，当该通证的所有者卖掉它后，新买到该通证的买家并不默认就一定得到了这个数字资产的版权。因此，原卖家完全可以合法合规地创建更多的非同质化通证，而这些新创建的非同质化通证都和这个数字资产挂钩。在这个场景下，非同质化通证和数字资产的版权是互不相干的。

当然还有另一个场景，那就是买家和卖家在进行交易时，明确规定非同质化通证的转手也表明数字资产版权的转手。

基于区块链的非同质化通证有以下三点重要意义：

第一，非同质化通证可以映射到实体和虚拟世界中形态各异的资产。由于非同质化通证本身具有的独特性和唯一性，因此理论上它可以被用来表示任何在形式上独一无二的资产、个体或权益。这一方面为实体世界映射到虚拟世界创造了良好的条件和理想的工具，丰富了资产、个体或权益的表达形式；另一方面也为新型资产的创造提供了理想的工具。

第二，非同质化通证为资产的转移提供了便捷的途径。如果把非同质化通证和这些资产的版权或其他权益相挂钩，则可以在区块链生态中实现这些资产的便利交易和转移，极大地提高资产转移和交易的效率。

第三，非同质化通证为虚拟世界中可能出现的新型资产或权益提供了工具和条件。未来的虚拟世界一定会产生新的事物和形态，这些事物和形态是现有信息技术难以表达的，而非同质化通证将成为这些新事物、新形态理想的载体。

小思考 6-3

非同质化通证的意义有哪些？

问题与思考

1. 什么是通证？

2. 什么是同质化通证？

3. EIP-20标准中定义的基本功能接口有哪些？试举例说明。

4. 同质化通证的意义有哪些？

5. 什么是非同质化通证？

6. EIP-721标准中定义的基本功能接口有哪些？试举例说明。

第七章

信息时代的未来：Web 3.0 与元宇宙

（1）了解 Web 3.0 和元宇宙的概念及关系；

（2）掌握元宇宙的基本层次架构；

（3）了解元宇宙的意义。

思政目标

通过全方位模拟现实，建构具有立体感、真实感的沉浸式数字空间，给予学生多重感官及情绪心理的综合体验。通过搭建模拟现实的数字孪生世界，思政元宇宙创造了"虚拟实验室"等沉浸式教学场景，让学生观察和操作实验设备，提高学习效果。

近两年我们经常听到两个热门词汇："Web 3.0"和"元宇宙"。从字面上看，这两个词似乎没有什么关联，但它们实际上描述的是同一事物的不同方面。

7.1　什么是"Web 3.0"和"元宇宙"

"Web 3.0"更多地是从技术的迭代和升级、从互联网的延伸和发展来展望互联网未来的形态；而"元宇宙"则是从用户体验角度、从场景和感知来展望互联网未来的应用形态。

那么，什么是"Web 3.0"呢？Web 3.0是基于现有互联网（Web 2.0）在技术上延伸发展出的新一代互联网。

我们现有的互联网（也被称为Web 2.0）在技术架构上主要是基于客户端/服务器（C/S）模式构建的中心化互联网。Web 2.0发展到现在，尽管一方面给我们带来了极大的便利，将人类社会从工业时代带入信息时代，但另一方面也逐渐出现了数据垄断、价值垄断、信息垄断等诸多弊端，并使得互联网巨头利用这些弊端将自身利益不合理地凌驾于用户利益之上。

为了破除这一系列不合理的垄断，人们逐渐构建发展出了新型的去中心化协议。在这些协议中，网络中各个节点的权限是平等的，各个节点可以平等地处理网络中的事务，这就去除了权限独大的垄断节点，使得数据垄断、价值垄断和信息垄断失去了存在的根基。而区块链技术就是一种典型的新型去中心化技术。

除了区块链技术，近年来还涌现出去中心化存储技术，如IPFS、Arweave等。去中心化存储技术与区块链技术类似，它的网络也是点对点的网络，网络中的每个节点的权限平等，都可以存储部分或全部信息。这样的架构组成了一个灵活可扩展的信息分享和存储系统。

区块链技术和去中心化存储技术是"Web 3.0"的基石。

所以综合来看，"Web 3.0"从技术角度讲，它是基于一系列去中心化协议搭建的新型互联网。

而基于"Web 3.0"技术构建的全新的应用场景和生态就是"元宇宙"。所以当我们说"元宇宙"时，我们不仅指它所依赖的技术，还包括它所带来的全新体验和感知，以及基于这些体验和感知产生的全新应用和场景。

接下来我们将从应用场景和生态的角度重点介绍"元宇宙"。

7.2 "元宇宙"概述

7.2.1 元宇宙生态的基本层次架构

构成元宇宙生态的基本层次架构自底向上包括核心架构层、数字资产层、应用层和体验层。各层所具备的职能和扮演的角色有着明确的分工和区别，如图7-1所示。

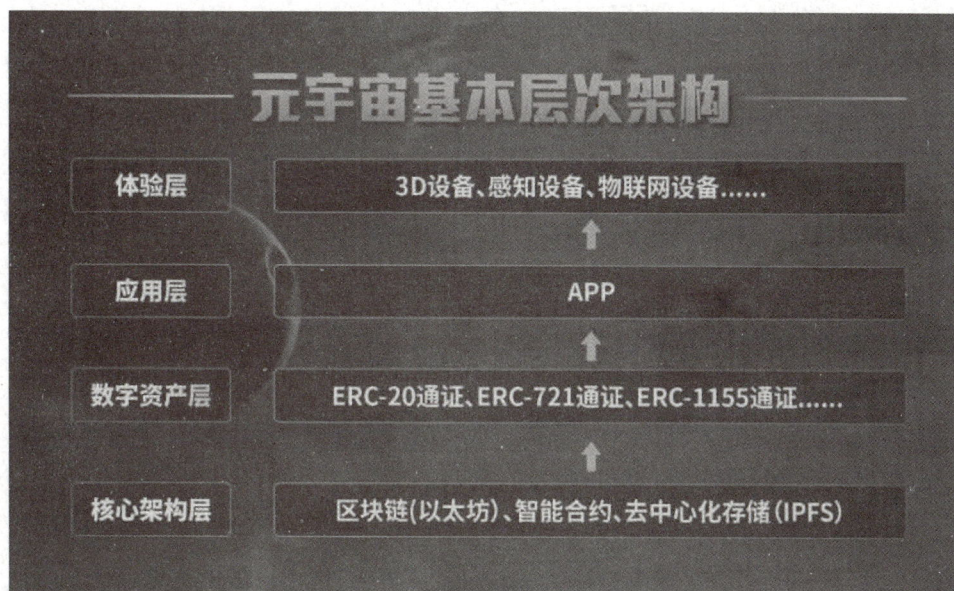

图7-1 元宇宙基本层次架构图

1）核心架构层

从职能上看，核心架构层是整个元宇宙运作和发展的根本，它相当于元宇宙的最高权威机构、监管机构和强力执行机构。这一层具备的基本职能是产生和制定整个元宇宙的规则，监督和保证规则的执行，对违反规则的行为进行判定并采取相应的强制措施。

这一层负责维系整个元宇宙生态在制度和规范上运作的公平、公开、公正、透明。它类似我们现实社会中的司法、立法和执法。没有这样的职能层，元宇宙的生态是无法在一个健康、合理的环境下生长并发展的。

显然，以当今各科技巨头各自开发自己平台的这种方式发展的所谓"元宇宙"，是根本无法形成大一统的市场和生态的。我们无法想象一个元宇宙生态被交到以商业利益至上、服务于中心化商业机构的巨头手中会如何透明、中立，更无法想象这样的生态会如何安全、公正。而要在技术上实现这样的功能，完成这样的职能，区块链技术及其衍生的智能合约技术则提供了绝佳的工具。

我们在前面提到过，基于区块链的智能合约具有执行规则的公开透明、不可篡改，执行过程的严格定义、不受干扰，执行结果的强制实施、不可逆的特点。这几个特点正好对应了现实生活中司法体系的公开、透明、公正、无私，使得区块链和智能合约技术的应用能够对元宇宙中的一切行为模式和规范起到强力的维护作用，并对不合规则的行为起到强烈的震慑作用。

从技术的可扩展性上看，元宇宙的生态是无限扩张的，这就要求元宇宙中的数据存储技术也必须具备无限扩张的基因。显然现实社会中的各个云存储巨头们形成的利益划分和割据态势是无法承载这样的规模和扩张的，而去中心化存储技术能够连接一切割裂的数据孤岛，形成大一统的数据存储生态，为元宇宙在技术上提供无限的存储支持。

从技术架构的安全性角度看，元宇宙的底层平台必须能够抵抗黑客的攻击甚至是来自自然环境的不可抗力的攻击。基于区块链的底层架构靠共识机制维系的安全性将能很好地避免传统信息系统的"单点故障"。

此外，我们认为在未来的元宇宙中还会出现一种新的事物，并且这种事物将使得元宇宙具备真正的生命力及成为强大的经济体，进而发展出一个有机的新世界，使虚拟世界不再仅仅是可有可无的娱乐，而是贯穿生命、渗透生活，成为人类社会密不可分的一分子。这个新兴事物就是数字资产。

而元宇宙中数字资产的构成和要素就来自核心架构层的区块链技术、智能合约及相关的通证标准。这类新兴的数字资产就组成了接下来我们要探讨的数字资产层。

2）数字资产层

从职能上看，数字资产层是整个元宇宙生态中的价值依托和原点，元宇宙中所有的资产都在这一层以各种形态存在，并被应用到更上面的应用层中，在应用层的交换中实现它的经济价值。

我们在前面的章节中和大家介绍过同质化通证、非同质化通证及这两类通证在以太坊中的实现标准。从技术上看，数字资产层中的资产就是基于这些通证标准实现的智能合约。

从形态上看，数字资产既包括具有货币属性、权益属性、使用价值等的通证（如在一些以太坊去中心化应用程序中流通的通证，如 MAKER、UNI 等），也包括表示地位、身份等社会属性的通证（如以太坊上流行的一些化身项目，如 CryptoPunks、BAYC 等）。

数字资产层产生的这些以通证形式存在的资产是整个元宇宙生态经济运作和发展的根本。没有这样的数字资产，元宇宙无法形成一个强大的经济体，更无法成为一个有生命力的世界。在当今的互联网中，由各科技巨头割据产生的相互隔绝、利益冲突的生态孤岛，是无法形成以太坊这样大一统的生态的，各个孤岛内的资产也无法通过高效的互换和交流实现价值的快速变现和最大化。

此外，用户在各个互联网生态孤岛中拥有的资产，无论是有形的虚拟资产（如账户、交易记录等），还是无形的虚拟资产（如影响力、人气等），其所有权都完全不为用户所掌控，完全被掌控在巨头手中。

只有基于区块链和智能合约技术的数字资产才能将资产的所有权回归个人，在一个大一统的平台上让数字资产的价值最大化。

然而对元宇宙生态而言，仅有数字资产还不够，元宇宙要产生价值、发展出生态，还需要数字资产发挥作用，而数字资产要发挥作用就需要有实际的应用场景。具体的应用场景在我们的构想中就是位于数字资产层上面的应用层。

3）应用层

应用层的职能主要体现在实现各种应用场景所需要的功能上面，通俗一点说这类似于我们在电脑或者手机上安装的各类 App 应用程序（如微信、抖音、淘宝、京东等）。与核心架构层及数字资产层不同，这一层主要针对应用场景实现功能，为用户提供各类服务，因此它的形态更加丰富。

在技术上，由于区块链技术的限制，应用层的实现仍然需要用到大量现有的IT技术和中心化技术架构。这些架构能够保证高性能的实现和高效的事务处理，将现有互联网的用户体验平滑地移植到元宇宙中。

因此，未来元宇宙生态中的大量应用及场景的实现依然要依靠中心化的信息系统，也就是我们现在经常谈到的云服务等架构。这些架构将承载各类复杂的商业逻辑，并与底层的核心架构层及上层的体验层密切交互。

在应用层中涉及元宇宙全局的关键信息或业务逻辑由底层的核心架构层定义和决定，一旦出现纠纷，则由核心架构层的智能合约及区块链网络验证。我们也可以说，在应用层中，一旦涉及规则的判定及约束，则会受到核心架构层的强力约束。

在应用层中涉及的元宇宙的各种资产（无论是有形资产还是无形资产）均由数字资产层定义和产生。

此外，应用层需要用到的各类数据存储将由核心架构层的去中心化存储系统处理，因此应用层的应用程序也将会和核心架构层中的去中心化存储系统进行频繁的数据交互及通信。

不过，即便应用层的功能再丰富、性能再好，也需要用户的参与和体验，而吸引用户参与、激励用户体验就需要仰赖位于应用层之上的体验层。

4）体验层

这一层主要实现的是用户体验的极致化，以最优的体验让用户无障碍地在现实实体世界和元宇宙的虚拟世界中平滑切换。

从技术角度看，这一层涉及的技术是综合性技术，包括硬件技术和软件技术。它包含各种可感知并且能够将生物体带入虚拟世界的设备或环境以及支撑这些设备或环境运作的后台系统，接触这些设备或者置身于这种环境中时，生物体能够进入元宇宙构造的虚拟世界。

时下可见的各种接触式设备，如3D眼镜、3D头盔、VR眼镜等就属于这类设备。我们相信随着科技的发展，未来这类设备的种类和形态都会极大丰富。

当生物体通过体验层进入元宇宙世界中后，便可以自由地和应用层的各种应用程序进行交互，享受其提供的各种服务或产品。

小思考 7-1

元宇宙的基本层次架构是什么？

7.2.2　元宇宙的意义

元宇宙不仅是互联网的下一个进阶，也是人类社会即将步入的全新生活形态。它会给我们带来如下颠覆性变革：

1）元宇宙是人类社会进化的趋势

互联网的诞生和发展将人类带入信息时代，我们的生活已经离不开互联网。但现有的这种生活方式仍然有相当大的不足，那就是价值的转移和传递难以在互联网上形成。区块链技术的诞生则补足了这个短板，将会把人类社会带入一个更高的维度，一个基于价值传递的网络。

区块链技术发展的终极形态是将人类社会引入元宇宙。因此元宇宙不仅是一种随着区块链技术发展衍生出的新生态，它更是人类社会进化的趋势。而这一趋势的发展又可以细分为两个"虚拟化"：人类财富的虚拟化和人类生活的虚拟化。

（1）人类财富的虚拟化。区块链技术产生了一种新兴的资产：数字资产。这种数字资产和现有互联网应用中出现的虚拟商品有着本质上的不同。

在互联网应用中出现的各类虚拟商品，其属性、价值及所有权等完全取决于运营和创造这类资产的中心化机构或公司。一旦这些中心化机构或公司在运营上无法持续或受到干扰，则这类虚拟商品的属性、价值及所有权等将受到冲击和干扰。

因此，这类虚拟商品的功能存在固有的、难以改变的局限性，在价值和共识上将难以取得最广泛的认同和认可，当然也就无法实现价值的最大化。

而基于区块链技术产生的数字资产，无论是比特币、以太币还是基于 EIP-20、EIP-721 等通证标准实现的通证资产，在技术上都实现了对资产属性、所有权等的保障，使得这类数字资产的属性、所有权等不受侵犯和干扰，不再依赖第三方中介机构的介入和维护。这将使得这类数字资产在价值和共识上都能取得以往虚拟商品所无法取得的最高程度、最广范围的认同和认可，天然具备实现价值最大化的优势和基因。

可以预见的是，区块链技术的发展必然会产生越来越多的数字资产，这些数字资产和人类生活的接触及关联必然越来越紧密，在人类社会生活中所扮演的角色必然越来越重要。这将会极大改变人类对财富形式的认知，使得人类对财富形式的认知由实体扩展到虚拟，由五官可感知的具象物品扩展为仅仅由数字标识的抽象形态。

互联网的发展使得人类社会的生活方式逐渐走向数字化，区块链技术的发展将使得人类社会的财富形式逐渐走向虚拟化。当然，我们并不是说未来社会中实体财富不重要，而是说虚拟财富将在未来社会中扮演越来越重要的角色。

（2）人类生活的虚拟化。辩证唯物主义哲学认为："物质第一性，意识第二性，物质决定意识，意识是物质世界发展的产物，它是人脑对客观事物的反映。"辩证唯物主义的真理是普遍适用的。如果说人类社会的财富形式将在区块链技术的带领下逐渐虚拟化，那么未来虚拟化的财富也将影响人类的意识形态。更通俗地说，就是伴随着财富形式的虚拟化，人类社会的生活也将虚拟化。围绕着虚拟化的财富，将衍生出一系列全新的意识形态、价值观，并由此发展出虚拟社会中全新的行为准则、道德标准等诸多构建虚拟社会的核心要素。

这一切都意味着元宇宙中的文化、价值等观念将彻底重塑。

2）元宇宙中文化、价值观的重塑

在一个新的社会中，经济的发展、文化的发展、价值观的发展、社会共识的发展是齐头并进的。而文化、价值观、社会共识的发展则是一个新社会形成的重要标志。

元宇宙是一个新的世界，在很大程度上不仅仅是指它的经济形态，也指它的文化、价值观和社会形态。其文化、价值观和社会共识更值得我们关注。因为经济的发展往往是我们肉眼可见的，是可以量化、可以观察到的，而文化、价值观、社会共识的发展则是难以量化的，因此很容易被忽视。

从技术角度看，各类基于非同质化通证及其形成的应用场景和生态是最能体现文化、价值观和社会共识的，因此我们高度关注非同质化通证在这些领域所起的作用和产生的影响。

目前有很多所谓的非同质化通证项目着重强调艺术视觉的欣赏，甚至仅仅把非同质化通证当作实体艺术品的虚拟化，但这种方式并不是非同质化通证的核心和本质。非同质化通证更深层的意义在于文化、身份和符号上的象征。

基于区块链的元宇宙将开启另一个虚拟世界，由于这个虚拟世界是全新的、史无前例的，因此我们除了关注经济等领域的萌芽和发展以外，尤其要关注其在文化和价值观领域的萌芽和发展。

儒家文化博大精深，孔子是开创及集儒家文化之大成的先贤，孔子有关儒家学说的观点和阐述更多地来自对周朝礼乐制度的描述和理解。所以，中华文化的源头和形成中华文化的核心要素可以追溯到更早的周朝。也就是说，中华文化发展了几千年，无论社会形态、经济形态、物质形态、科技形态怎么进化，我们的文化基因却是几千年前我们的祖先在这个社会刚刚形成时塑造的。

这种文化塑造和传承上的规律同样适用于未来的元宇宙。我们相信在未来的元宇宙中，一定会出现前所未有的新价值观、新社会准则。而那些价值观、社会准则同样极有可能是在那个虚拟社会早期生活的人们塑造和发明的。今天的我们是最有可能成为虚拟世界第一代原住民的。

几千年甚至万余年以后，当我们的后辈再回首和研究他们所处的那个元宇宙中的价值观和社会准则时，他们也会发现，自己的价值观、社会准则竟然是我们这批第一代原住民开创的。如果以这种视野去展望未来的元宇宙，今天我们看到的加密朋克、BAYC 等项目形成的文化和形象极有可能成为未来那个元宇宙在社会形态方面的核心要素之一。

"未来已来"，元宇宙离我们并不遥远，它已经在区块链生态中萌芽，它的雏形已经初具，拥抱元宇宙就从拥抱区块链开始吧。

小思考 7-2

元宇宙的意义是什么？

问题与思考

1. 什么是 Web 3.0?

2. 什么是元宇宙?

3. 元宇宙各层次架构所起的作用是什么?

参 考 文 献

［1］NAKAMOTO S.Bitcoin：A Peer-to-Peer Electronic Cash System［EB/OL］. ［2019-10-20］. https：//bitcoincore.org/bitcoin.pdf.

［2］BUTERIN V.A Next-Generation Smart Contract and Decentralized Application Platform［EB/OL］. ［2019-10-20］. https：//github.com/ethereum/wiki/wiki/White-Paper.

［3］WOOD G. Ethereum：A Secure Decentralised Generalised Transaction Ledger Byzantium Version 7e819ec-2019-10-20［EB/OL］. ［2019-10-20］. https：//ethereum.github.io/yellowpaper/paper.pdf.

［4］周朝晖.区块链概论［EB/OL］. ［2019-11-04］. https：//u.naturaldao.io/be/.

［5］谭粤飞.Solidity智能合约开发［EB/OL］. ［2019-11-04］. https：//u.naturaldao.io/solidity/.

［6］宋波，张鹏，汪晓明，等.区块链开发指南［M］. 北京：机械工业出版社，2017.

［7］张禾瑞.近世代数基础［M］. 北京：高等教育出版社，1978.

［8］闵嗣鹤，严士健.初等数论［M］. 2版.北京：高等教育出版社，1982.

［9］ALLEN N J, MALMI M.Does He Know Satoshi Nakamoto's Whereabouts? ［EB/OL］. ［2022-04-23］. https：//www.thecoinrepublic.com/2022/04/23/martti-malmi-does-he-know-satoshi-nakamotos-whereabouts/.

［10］ROSING M.Implementing Elliptic Curve Cryptography［M］. Greenwich：Manning Publications，1998.

［11］CERTICOM RESEARCH.SEC 1：Elliptic Curve Cryptography［R］. Certicom Corp.，2000.

［12］ATZEI N, BARTOLETTI M, LANDE S, et al. A Formal Model of Bitcoin

Transactions ［C］//International Conference on Financial Cryptography and Data Security. Springer, Berlin, Heidelberg, 2018：541-560.

［13］谭粤飞，陈新，程宇.区块链技术基础教程［M］. 大连：东北财经大学，2020.

［14］均益.比特币（Bitcoin）客户端源码编译流程［EB/OL］.［2018-03-11］. https：//www.jianshu.com/p/e1df6fed15e8.

［15］MAYER H. ECDSA Security in Bitcoin and Ethereum：A Research Survey ［J］. CoinFaabrik，2016，28（126）：50.

［16］The go-ethereum Authors.Installing Geth ［EB/OL］.［2022-12-01］. https：// geth.ethereum.org/docs/install-and-build/installing-geth.

［17］BECKERT B，HERDA M，KIRSTEN M，et al. Formal Specification and Verification of Hyperledger Fabric chaincode ［C］. 3rd Symposium on Distributed Ledger Technology （SDLT-2018）co-located with ICFEM.2018：44-48.

［18］SINGH A，CLICK K，PARIZI R M，et al. Sidechain Technologies in Blockchain Networks：An Examination and State-of-the-art Review ［J］. Journal of Network and Computer Applications，2020，149：102-471.

［19］BAFANDEHKAR M，YASIN S M，MAHMOD R，et al. Comparison of ECC and RSA Algorithm in Resource Constrained Devices ［C］. 2013 international conference on IT convergence and security （ICITCS）.IEEE，2013：1-3.

［20］ANDREA CORBELLINI. Elliptic Curve Cryptography：Finite Fields and Discrete Logarithms ［EB/OL］.［2015-05-23］. https：//andrea.corbellini.name/ 2015/05/23/elliptic-curve-cryptography-finite-fields-and-discrete-logarithms/.

［21］GUERON S，JOHNSON S，WALKER J. SHA-512/256 ［C］. 2011 Eighth International Conference on Information Technology：New Generations. IEEE， 2011：354-358.

［22］MENDEL F，PRAMSTALLER N，RECHBERGER C，et al. Analysis of Step-reduced SHA-256 ［C］. International Workshop On Fast Software Encryption. Springer，Berlin，Heidelberg，2006：126-143.

［23］BERTONI G，DAEMEN J，PEETERS M，et al. Keccak ［C］. Annual International Conference on the Theory and Applications of Cryptographic Techniques. Springer，Berlin，Heidelberg，2013：313-314.

［24］ FANG W，CHEN W，ZHANG W，et al. Digital Signature Scheme for Information Non-Repudiation in Blockchain：A State of the Art Review ［J］. EURASIP Journal on Wireless Communications and Networking，2020（1）：1-15.

［25］ JOHNSON D，MENEZES A，VANSTONE S. The Elliptic Curve Digital Signature Algorithm（ECDSA）［J］. International Journal of Information Security，2001（1）：36-63.

［26］ POTE S，SULE V，LANDE B K. Arithmetic of Koblitz Curve Secp256k1 Used in Bitcoin Cryptocurrency Based on One Variable Polynomial Division ［C］. 2nd International Conference on Advances in Science & Technology（ICAST）.2019.

［27］ GISIN N，RIBORDY G，TITTEL W，et al. Quantum Cryptography ［J］. Reviews of modern physics，2002，74（1）：145.

［28］ SEL D，ZHANG K，JACOBSEN H A. Towards Solving the Data Availability Problem for Sharded Ethereum ［C］. Proceedings of the 2nd Workshop on Scalable and Resilient Infrastructures for Distributed Ledgers.2018：25-30.